SIÉGE DE SAINT-SEVER

EN 1628

FAMILLE DE LINAS OU DE GOUDON

Œuvre posthume de M. l'abbé P. VIDAL,

CURÉ DE SAINT-SEVER.

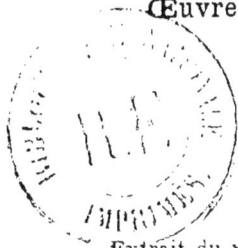

Extrait du XIIe volume des Mémoires de la Société des lettres, sciences et arts de l'Aveyron.

RODEZ

Imprimerie Ratery-Virenque, rue de l'Embergue, 21.

—

1880

SIÉGE DE SAINT-SEVER EN 1628

FAMILLE DE LINAS OU DE GOUDON (1),

PAR FEU L'ABBÉ P. VIDAL, CURÉ DE SAINT-SEVER.

I.

On lit dans le *livre de paroisse* de Saint-Sever, comme tiré soit des *Mémoires de Rohan*, soit de l'*Histoire générale du Languedoc* que « le 10 mai 1628, le prince de Condé, » dans le dessein de se rendre maître de toutes les places » des religionnaires de la montagne de Castres, et pour » couper toute communication au duc de Rohan entre le » haut et le bas Languedoc, vint mettre le siége devant » Viane avec sept pièces de canon. Les assiégés, com-

(1) A la séance de la Société des lettres, sciences et arts de l'Aveyron, du 8 septembre 1873, on a lu une note de M. Advielle, ainsi conçue :

« M. de Barrau rapporte dans le tome II, page 66 de ses *Do-* » *cuments historiques et généalogiques sur le Rouergue,* les » exploits du gentilhomme rouergat de Linas, religionnaire » qui, en 1628, défendit vaillamment contre l'armée du prince » de Condé la petite ville de Saint-Sever, près laquelle il » possédait un château dont la place est encore marquée par » quelques ruines.

» Je prie instamment les personnes qui connaîtraient quel- » ques particularités de la vie de ce gentilhomme rouergat de » vouloir bien me le transmettre.....

» Je recevrai également avec reconnaissance des renseigne- » ments généalogiques sur la famille de Linas, sur ses allian- » ces et sur l'époque où elle disparut du Rouergue. »

En lisant cette note de M. Advielle, dans le compte-rendu de la séance de la Société des lettres, nous avons cru qu'il était de notre devoir de répondre avec le plus de fidélité possible aux diverses questions qu'elle renferme. Et voilà pourquo malgré nos nombreuses occupations, [nous nous sommes uvré avec ardeur à de longues et difficiles recherches, dont nous offrons aujourd'hui le résultat à la Société. (L'auteur.)

» mandés par d'Escrous (1), gouverneur de la place et
» soutenus par quatre cents hommes des Cévennes que
» Rohan y avait jetés, opposèrent une si vigoureuse
» résistance, que Condé fut obligé de lever le siége au
» bout de dix jours. Il fit assiéger en même temps par
» une partie de son armée la petite ville de Saint-Sever,
» située dans un agréable vallon, à deux lieues de Viane.
» Elle était commandée par Linas qui en était seigneur.
» Celui-ci avait ordre de ne pas attendre le canon et de
» se rendre dès qu'il le verrait paraître (2). Mais voyant
» que les habitants n'en voulaient rien faire, il demeura
» avec eux, décidé à se défendre jusqu'à l'extrémité.
» Condé leur envoie pendant trois jours de très fortes
» volées de canon (3) sans rien avancer. Il ordonne trois
» assauts, et trois fois ses soldats sont repoussés avec
» pertes. Enfin, au bout du troisième jour, désespérant de
» pouvoir tenir plus longtemps, Linas fait *mettre le feu à*
» *la place*, et après avoir pratiqué un trou dans le mur, il
» s'évade pendant la nuit et se sauve avec la garnison, à la
» faveur des montagnes. Condé entra dans la ville et n'y
» trouva que des *cendres* et que des *ruines*. Le monastère
» était détruit; les flammes n'avaient *épargné* que l'église
» avec quelques petites maisons. Le prince de Condé fit.

(1) D'Escrous était le beau-frère de Linas. Ce dernier avait
épousé, le 24 janvier 1626, dans une des salles du château d'Escrous, Jeanne de Beine, sœur de Jean de Beine, seigneur d'Escrous, et fille de Charles de Beine et de Suzanne de Castelpers.

(2) Le prince n'osant plus regarder Viane (dit Rohan dans ses
Mémoires) envoya Linas à Sainct-Sever dont il est seigneur
pour persuader les habitants de se rendre sans attendre le
canon; mais voyant qu'ils n'en voulaient rien faire, il demeura
avec eux, où après avoir souffert plusieurs volées de canon, ils
font un trou dans la muraille et se sauvent la nuict.

(3) On voit des boulets dans presque toutes les maisons de
Saint-Sever et on en trouve un grand nombre en fouillant dans
les jardins qui sont à l'entour. Dernièrement encore, le 28 avril
1838, en creusant les fondements d'une maison dans l'intérieur
de la ville, on a découvert plusieurs éclats et treize boulets
entiers, pesant environ 20 kilogrammes. Douze ans auparavant,
on en trouva dix-huit et beaucoup d'éclats en creusant aussi
les fondements d'une maison, située cent mètres plus bas que
celle dont nous venons de parler. (*Note du livre de paroisse.*)

» pendre quelques hommes qui y restaient, et mit les
» femmes et les filles à l'abri des insultes du soldat. De
» là, il se rendit à Vabres, où il s'aboucha avec le duc
» d'Epernon et résolut le siége de Saint-Affrique. »

Ce triste et lamentable récit de l'incendie de Saint-
Sever par le seigneur Linas et ses soldats, tel que les his-
toriens le rapportent, nous a tellement étonné que nous
n'avons pu nous persuader que Linas et ses compagnons,
qui étaient citoyens de St-Sever et avaient dans l'enceinte
des murailles leurs femmes, leurs enfants et tous leurs
parents, aient eu la cruauté de mettre le feu à la ville et
aux faubourgs sans prendre les moyens efficaces pour
préserver d'une mort certaine tant de personnes chères,
en leur faisant partager leur fuite que favorisaient les
ténèbres de la nuit et le voisinage des montagnes. Aussi
nous sommes-nous livré à des recherches minutieuses qui
nous ont fourni des documents authentiques, prouvant
que cet incendie n'est point l'œuvre de Linas et de ses
compagnons, mais bien le fait des armées du prince de
Condé, poussées à cet acte de barbarie par l'opiniâtre
résistance des assiégés. Parmi ces documents nous cite-
rons une attestation faite, le 2 janvier 1656, par devant
Pierre Ricard, docteur en droit, tenant l'audience en la
cour royale de Saint-Sever et signée d'un grand nombre des principaux habitants de cette ville.

« Scavoir faisons que ce jourdhuy an bas escript com-
» parent pardevant nous Pierre Ricard docteur en droicts
» tenant l'audiance en la court royalle de St Sever,
» Pierre Marty pratitien en lad court lequel faizant po^r
» et au nom de noble Jean de Goudon sieur de Linas,
» nous auroit dict et raconté luy estre nessère une ates-
» tatoire en forme et notoriété comme led lieu de Sainct
» Sever aux derniers mouvemens et furreurs de lannée
» mil six cens vingt huict et le douziesme jour du mois
» de may led lieu de Sainct Sever fust prins sacage et la
» plus grande partie brusle par les armees du roy con-
» duites par monseigneur le prince et antrautres la mai-
» son dud sieur de Linas fust sacage et pilhee mesme les
» mubles et papiers et que a grand peine a il pu recou-
» vrer quelques parties de ses papiers et po^r faire foy de

1

» lad prinse de ville bruslement et entier pilhage no͞s a
» cite les temoings de tout ce dessus les sieurs Pierre
» Alibert Jacques Sicard François Arvieu Moise Sicard
» Jacques Chavardes Jean Alibert Pierre Roque Pierre
» Birot Jean Montane et Louis Salomon touts de ce apres
» requis. »

« Lesquels hont moienant sermant par chascun deux
» preste sur les saincts evangilles de Dieu nous ont dict
» estre bien memorates comme led jour douziesme jour
» du mois de may mil six cens vingt huict le pr͞n lieu fust
» prins par monseigneur le prince conduisant les armees
» du roy en ce pays et fust le feu mis aux quatre coins
» de la ville et faux bours et le tout presque brusle a
» moins este une grande partie pilhee entrautre la mai-
» son dud sieur fust antierement pilhee tant mubles que
» linge papiers et autres mubles et depuis ont ils aprins
» que led sieur en a retire quelques ungs de divers en-
» droicts comme lon a dict de la quelle declaration led
» Marty po͞r led sieur de Linas no͞s a requis acte de lad
» approuvee et dument enregistre de la declaration des
» atestants cites sera expediee aud sieur de Linas par
» nostre greffier po͞r luy servir au besoin sont prnts
» M͞e Jacques Sicard et Ate Cambon bas signes avec
» ledits atestants ensemble avec n͞o dict greffier

Marty requerant

Alibert atestant F Arvieu M Sicard P Birot J Chavardes atestant Montane atestant Boyer J Alibert Sicard
atestant Salomon A Cambon Marty atestant L Sicard
Ricard ad͞at en court.

Amilhau greffier (1)

Les *attestants* signés dans la présente déclaration appartenaient à la religion catholique, et ce qui le prouve,
c'est la manière dont ils prêtèrent le serment. A cette
époque, les catholiques le prêtaient en mettant la main
sur les Saints Evangiles, tandis que ceux qui faisaient
profession de la religion prétendue réformée se conten-

(1) L'original se trouve à Senaux (Tarn) dans la famille de
de Goudon.

taient de *lever la main à Dieu* (1). Lesquels, est-il dit, *hont moienant sermant par chascuns deux preste sur les saincts evangilles*..... Or, les catholiques n'avaient aucun intérêt à rendre responsable de l'incendie de Saint-Sever le prince de Condé et ses armées. Aussi leur témoignage nous paraît-il tout à fait irrécusable.

Cet incendie des faubourgs et de la ville de Saint-Sever dut être bien horrible, puisque, d'après la pièce citée plus haut, la plus grande partie de la ville devint la proie des flammes (2). Cependant nous ne pouvons facilement croire ce que nous dit l'auteur du *livre de paroisse* que, lorsque le prince de Condé entra dans la ville, il n'y trouva que *cendres* et que *ruines*. Et en voici la raison. Si Saint-Sever à l'entrée du prince n'offrait aux regards que *cendres* et que *ruines*, comment la population qu'y rencontra Condé put-elle se mettre à l'abri des flammes dans une enceinte aussi restreinte? Comment encore le prince qui avait été lui-même témoin de cet incendie ordonna-t-il quelques jours seulement plus tard l'entier *rasement des murailles de ladite ville et ensemble de la maison du nommé Linas?* (3) N'est-on pas porté à voir dans ce récit une exagération de la part de l'auteur?

II.

L'auteur du *livre de paroisse*, dans son récit de l'incendie de la ville de Saint-Sever (4), nous dit : *Le monastère était détruit*.....

Mais déjà depuis plusieurs siècles le monastère, fondé par saint Sever lui-même ou du moins par ses disciples, n'existait plus à l'état de monastère. Siége d'un prieuré

(1) La main levée à Dieu, comme faisant profession de la religion prétendue réformée. — (Nombreuses pièces de cette époque.)

(2) En creusant le terrain dans Saint-Sever, on trouve en certains endroits des matières carbonisées.

(3) Ordonnance du prince de Condé citée plus bas.

(4) Dans des actes fort anciens, Saint-Sever est appelé Saint-Sever du *Monastier*, du *Moustier*, du *Monestier*.

régulier (1), il était devenu une simple maison prieurale.
Nous lisons en effet, dans des actes de 1465, que 'ces actes
sont passés *in aula prioratus*, dans la cour du prieuré,
et dans d'autres de 1546, qu'ils sont passés dans la
cuisine du prieuré dudit lieu (2). Les religieux, quoi
qu'en dise l'auteur déjà cité, avaient déjà abandonné
Saint-Sever depuis longtemps, avant même la prise de
cette ville par les religionnaires : le monastère était
devenu comme un désert, *omni ordine et habitatoribus
vacuatum* (3). Bernard de Combret, Frotarde et Berarde,
ses fils, firent en 1082 don de l'église de Saint-Sever et
probablement aussi du monastère à l'abbaye de Vabres
qui avait alors pour abbé Hugo (4). La même année, Pons
d'Etienne (Pontius Stephani), évêque de Rodez, soumit
le monastère et l'église de Saint-Sever, avec l'abbaye de
Vabres, dont ils étaient une dépendance, à l'abbaye alors
si célèbre de St-Victor de Marseille (5). Mais à l'époque
de l'érection de l'abbaye de Vabres en évêché en 1317,
par le pape Jean XXII, les moines furent soustraits à la
juridiction de l'évêque et du chapitre de Rodez et de
l'abbaye de Saint-Victor de Marseille et devinrent des
chanoines réguliers (6). Ils étaient alors au nombre de
trente, y compris quatre prieurs forains qui résidaient
dans leur prieuré, savoir : celui de Saint-Nazaire de Couf-
fouleux, celui de *Saint-Sever du Monestier* (7) ; celui de
Saint-Paul de Trébessac (aujourd'hui Camarès) ; celui de
Saint-Caprasi de Lapeyre. L'évêque consentit à réunir à

---

(1) Sequuntur officia claustri ecclesiæ et prioratus regulares
nostræ collationis... Prioratus Sancti Severii debet procurato-
rem et præsentat vicarium..... (Notitia jurium ecclesiæ et episcopatus Vabrensis. (Original à Vabres.)

(2) Archives de la paroisse.

(3) On trouve ces mots dans l'acte par lequel l'abbé Deusdedit
soumit l'abbaye de Vabre à celle de Saint-Victor de Marseille.

(4) *Gallia christiana*, t. 1, page 276.

(5) *Gallia christiana*, t. 1. Ex instrumentis ad tomum primum
spectantibus, page 50.

(6) Bulla sæcularisationis. (Copie aux archives de la paroisse.)

(7) Dans des actes fort anciens, Saint-Sever est appelé Saint-
Sever du *Monastier*, du *Moustier*, du *Monestier*.

la mense capitulaire les quatre prieurés forains, se réservant d'y nommer lui-même, tandis que les chanoines majeurs, chacun en sa semaine, devaient nommer sur la présentation du prieur aux vicairies perpétuelles unies à ces prieurés. Il y avait donc un vicaire à Saint-Sever pour desservir la paroisse et administrer les sacrements. Il portait souvent le nom de *Capelo* (1).

Le prieuré de Saint-Sever avec l'abbaye de Vabres furent sécularisés. D'après la bulle de sécularisation, tous les moines qui furent nommés chanoines, tant majeurs que mineurs, pouvaient résigner, une fois seulement, leurs canonicats ou dignités. Mais ceux qui les recevaient d'eux ne pouvaient plus les résigner. Aussi, le dernier prieur forain, Jacques de Goudon, ayant résigné son prieuré à M⁰ Bernard et celui-ci à M⁰ Laroche, le chapitre de Vabres fut maintenu en possession dudit prieuré par un arrêt du parlement de Toulouse, du 23 juin 1600, mis à exécution le 21 juillet de la même année (2).

Parmi les prieurs forains nous trouvons :

1° *Bernard de Blanchefort*, qui signa en 1325 l'acte de division des biens et des droits de l'église de Vabres entre l'évêque et le chapitre.

2° *Guilhaume de Thésan* qui figure dans un acte de reconnaissance de 1354.

3° *Hugues Raffin*, dont il est fait mention dans plusieurs actes de 1468.

4° *Jean de Goudon* qui fut installé en 1485.

---

(1) Prioratus Sancti Severi..... præsentat vicarium (Notitia jurium ecclesiæ et episcopatus Vabrensis). — (Copie aux archi- de la paroisse).

Un canon du concile de Clermont, en 1095, renouvelé plus tard dans le concile de Latran, en 1285, obligeait tous les religieux à qui on avait donné des églises paroissiales à les faire desservir par des prêtres séculiers, qu'on appelait indifféremment curés ou vicaires, et qui presque toujours étaient amovibles.

(2) Répertoire des titres et registres trouvés dans les archives du vénérable chapitre cathédral de Vabres. (Original à la mairie de Vabres et copie de ce qui regarde Saint-Sever aux archives de la paroisse.)

5° *Pierre de Goudon* qui résigna en 1541 le prieuré en faveur de Jacques de Goudon.

6° *Jacques de Goudon* qui, dès le commencement de la Réforme, quitta l'habit religieux pour la cape et l'épée du soldat, devint apostat et furieux religionnaire, ainsi qu'il sera dit plus tard.

Le prieuré fut presque entièrement détruit lors de l'incendie de la ville. Le 20 décembre 1630 (1), permission fut donnée par le vénérable chapitre de Vabres à noble Jacques de Fons de bâtir une maison à Saint-Sever sur les vieilles masures, qui était anciennement la maison prieurale confrontant du levant avec place publique, du midi les murailles, de bise le passage de l'église, avec les mêmes priviléges, libertés qu'anciennement les prieurs dudit Saint-Sever jouissaient ladite maison, en considération des bons services que ledit chapitre a reçus de lui.

Cette maison redevint la propriété du chapitre de Vabres et fut de nouveau maison prieurale. Dans le *cahier de Saint-Sernin des rentes nobles et rurales et autres biens*, écrit en 1673, il est fait mention expresse de la *maison prieurale* consistant en *une fogagne*, cuisine et chambre, de trois étages avec basse-cour. Cette maison, qui à cette époque devait être la plus importante de la ville, est désignée dans une reconnaissance faite en 1654 à l'évêque et au chapitre de Vabres, sous le nom de château dudit lieu, titre qu'elle portait avant même l'incendie de Saint-Sever. Dans un acte de 1564 nous lisons : *au lieu* de Saint-Sever-du-Monestier et dans la salle de la maison *priorale* dite le château dudit lieu (2).

Il reste encore aujourd'hui de cette maison prieurale et de l'ancien monastère une partie assez considérable qui, considérablement modifiée, sert de presbytère ; une autre partie sert de grange ; une troisième servait de sacristie à la vieille église et communiquait à une des

(1) Même répertoire.

(2) Aux archives de la paroisse.

chapelles par une grande porte romane qui devait être la porte de la salle capitulaire (1).

Après la prise de la ville par les catholiques, l'évêque de Vabres devint prieur de Saint-Sever, et environ trente ans plus tard le chapitre de Vabres était au lieu et place de l'évêque comme prieur de Saint-Sever (2).

L'auteur du *livre de paroisse*, dans son récit de l'incendie de Saint-Sever, ajoute : *les flammes n'avaient épargné que l'église*..... Encore sur ce point nous nous voyons dans la nécessité de contredire son récit et de prouver que l'église fut ruinée même avant l'incendie de la ville par les troupes du prince de Condé.

En effet, dans un acte de vente des terres de Saint-Sever, le Soulié et autres, faite par noble Paul de Bourcier, seigneur de Barre, à noble Raymond de Goudon, il est dit que la vente se fit du consentement du prieur, seigneur de Saint-Sever, près *la petite porte de l'église* dudit lieu, le 12 novembre 1555 (3). Et à partir de cette époque, nous ne trouvons aucun acte qui fasse mention de l'église. Le compoix de Saint-Sever fait en 1610, qui devrait en parler dans les confrontations, ne parle que du cimetière et de la tour et nullement de l'église.

Le prince de Condé, dans son ordonnance, prescrit de conserver le *fort* et *réduit*. Or, le fort n'était autre que la tour qui se trouvait au bas de l'église, et si l'église avait été intacte et non ruinée, le prince ne se serait point servi du mot de *réduit* pour la désigner. L'église dut être ruinée par les protestants lors de la prise de Saint-Sever, afin de faire disparaître ce reste des anciennes erreurs.

Dans le répertoire des titres et registres trouvés dans

(1) Nous avons trouvé un grand nombre de murailles en creusant dans le jardin du presbytère et sur la place qui est devant l'église.

(2) Cahier de Saint-Sernin déjà cité, 1673.

(3) Acte de vente aux archives de la paroisse.

les archives du vénérable chapitre cathédral de Vabres, folio 157, il est fait mention d'une transaction passée le 29 avril 1607, entre le syndic du chapitre cathédral de Vabres, demandeur à ce que les habitants du lieu de Saint-Sever fussent condamnés à leur laisser la possession du fonds où était édifié l'église pour y pouvoir être rebâtie comme était anciennement, et les habitants dudit Saint-Sever *incistants* au contraire. Il est dit : « A été accordé que lesdits habitants dudit lieu de Saint-Sever délaisseraient auxdits M^{rs} du chapitre le fonds, lieu et place de l'église pour y pouvoir bâtir et édifier ladite église. » Ce ne fut qu'en 1638 que l'église fut réparée par Jean Talle, de la Salvetat, au prix de 900 livres. On ne parle dans cet acte que de simples réparations. Elles furent si insuffisantes qu'en 1744, noble de la Raffinie, sieur de la Plancade, prêtre et recteur de Saint-Sever et maître ès-arts, soutint un procès contre les consuls et communautés de Saint-Sever et du Soulié pour les forcer à faire des réparations urgentes (1).

L'église, telle qu'elle fut réparée dans la suite et telle qu'elle existait en 1868, lors de la construction de l'église actuelle, accusait une ruine presque entière, car elle n'était qu'un reste d'une belle église romane rectangulaire du XIIe ou XIIIe siècle. Ses dimensions étaient : longueur, 22 mètres non compris la tour ou clocher qui était au bas de l'édifice ; largeur, 8 mètres 45 centimètres ; hauteur, à partir du pavé, 7 mètres 50 centimètres. Un plafond régnait dans toute l'étendue de l'église et cachait en partie deux belles baies romanes conservées dans le chœur. On remarquait encore dans le chœur la naissance de plusieurs nervures fort élégantes, dont un grand nombre de pierres ont été trouvées sous le pavé de l'église avec le moëllon de l'ancienne voûte, des fragments de vitraux, de châssis et de vases mérovingiens.

L'ancienne église, dont il ne restait que le mur du midi et une partie des murs de l'est et du nord, avait 26^m de longueur, sur 8 mètres 45 centimètres de largeur, et

(1) Copie du jugement. (Original chez M. Rouquette, de Malviès.)

12 mètres d'élévation du pavé à la voûte. Le clocher ou tour faisait partie de l'église. La porte d'entrée de la maison sainte était pratiquée au-dessous, en face du sanctuaire et on y descendait par un escalier. Ce ne fut probablement que dans le XIVe ou XVe siècle qu'on construisit cette tour sur la porte de l'église, plutôt comme moyen de défense que comme ornement. De nombreuses meurtrières que nous avons trouvées en la démolissant en font foi. Ce qui prouve la date récente de sa construction, c'est l'arceau qui fut élevé dans l'intérieur de l'église pour supporter le mur est de cette tour et qui était ogival. On ferma cet arceau au moyen d'une muraille et on ouvrit la porte principale de l'église du côté du midi.

Cette église portait des nervures dans le chœur, où se trouvaient cinq fenêtres à plein cintre de trois mètres de hauteur, sur 0m80 centimètres de largeur. L'arceau qui se développait à l'entrée du sanctuaire était plus large que ceux que l'on remarquait dans la nef ; des pilastres sans ornement les supportaient. Les deux chapelles que l'on voyait au-dessous de cet arceau nous ont paru être de récente construction, sauf pourtant une partie de celle du côté du midi où aboutissait une grande porte romane et qui devait être un reste de l'ancien chœur des religieux, communiquant par cette porte à la salle capitulaire (1).

(1) Le 10 mai 1682, après midi, à Saint-Sever, pardevant Me Amilhau, notaire audit Saint-Sever, et les tesmoins bas-nommés, a été constitué en personne Monsieur Jean d'Albert, avocat en Parlement, habitant du présent lieu de Saint-Sever, lequel ayant fait ériger une chapelle sous l'invocation de saint Jean, son patron, joignant l'église paroissiale dudit lieu, près la sacristie, en main droite en entrant, par permission de messire Louis de Baradat, évêque de Vabres, appert de son ordonnance du 26 mai 1678, a voulu doter ladite chapelle comme s'en suit... (Archives de la paroisse.)

La chapelle de saint Antoine (en face de la chapelle de saint Jean) avait été fondée par les srs Gau du Soulié et Amilhau, de Saint-Sever, qui en étaient les patrons. Le 18 avril 1724 on y enterra Dlle Cécile de Roullandes, veuve de feu Me Chabbert, lieutenant du juge de la Verdolle, décédée à l'âge de 80 ans, chez Gau, son beau-fils.

2

Cette église romane n'était point cependant la plus
ancienne. En creusant les fondations de la nouvelle
église, nous avons pu suivre une partie des fondements
d'une autre église, orientée dans le sens de l'église actuelle, mais de beaucoup plus petite que celle qui l'avait
remplacée. Elle devait être romane, du VIIIe ou IXe siècle,
autant que nous avons pu en juger par les nervures et les
chapiteaux que nous avons découverts et qu'on conserve.
Ainsi l'astragale, c'est-à-dire la moulure saillante qui
d'ordinaire sépare le chapiteau de la colonne, appartient
à la colonne, particularité qu'on ne trouve que dans les
chapiteaux antérieurs au Xe siècle. L'un de ces chapiteaux
présente trois têtes grossières de bœuf en bas relief;
un autre porte gravé d'un côté un *Agnus Dei*, et de
l'autre une espèce de lion avec dard.

A l'entrée de cette église nous avons trouvé un tombeau entaillé dans la pierre et recouvert d'une dalle;
au-dedans était un squelette tourné du côté de l'Orient,
avec une lance et un manche de poignard.

Dans les fouilles qu'on a dû pratiquer, nous avons re-
cueilli plusieurs monnaies carlovingiennes; une monnaie
de Henri Ier, bâtard de Hugues II et qui posséda le comté
de Rodez depuis 1214 jusqu'en 1227; plusieurs anneaux
en cuivre, la plupart sans ornement; des fragments de
vases en verre mérovingiens; une agraffe en cuivre
doré, représentant un cerf poursuivi par un chien; une
grande quantité de dents de sanglier; enfin, de nombreuses coquilles qui avaient servi à orner la robe de
pieux pèlerins, ensevelis sans doute sous le parvis
sacré.

Les autels de l'église démolie en 1868 étaient bâtis en
pierre ordinaire, recouverte de mortier et d'une couche
de plâtre sur laquelle on avait fait quelques peintures
grossières; seul, l'autel de la chapelle de droite en
entrant avait été remplacé par un autel en bois. Dans
l'intérieur d'un de ces autels était caché un autel portatif
ou pierre sacrée, en ardoise de Lacaune, portant la date
de 1599. Nous savons qu'en 1599 l'église était détruite et
les protestants étaient maîtres de la ville, d'où ils avaient
chassé les prêtres. C'est sur cette pierre sacrée qu'on

dut, durant plusieurs années, offrir le saint sacrifice dans
des maisons particulières. Elle mesure 0ᵐ35 centimètres
sur 0ᵐ28. La croix de Malte incrustée sur la pierre devait
servir de tombeau pour les reliques. Les cinq croix de
consécration sont des rosettes, celle du milieu est plus
grande que les autres. On y lit trois inscriptions : *Jesus
est amor meus et Maria mater ejus. — Sit nomen Domini
benedictum. — Spes mea Deus est.*

Nous conservons précieusement cette pierre sacrée au
presbytère.

III.

« Condé, dit dom Vayssettes dans son *Histoire générale
» du Languedoc*, t. v, ayant formé le dessein de marcher
» au secours du château de Meyrueis assiégé par Rohan,
» s'avança jusqu'à Vabres en Rouergue.... Mais l'évê-
» que de Vabres, celui de Rodez, le prieur de Beaumont
» et le juge de Saint-Affrique lui firent changer de des-
» sein et lui persuadèrent d'assiéger la ville de Saint-
» Affrique, la plus forte de celles que les religionnaires
» possédaient dans le diocèse de Vabres. Le 26 mai, le
» duc d'Epernon s'étant joint à lui, on marcha sur Saint-
» Affrique trois jours après.

C'est pendant son séjour à Vabres, le 28 mai 1628, que
le prince de Condé rendit l'ordonnance suivante qui prescrit la démolition des fortifications de la ville de Saint-
Sever (1).

« Henry de Bourbon, prince de Condé, premier prince
» du sang, premier pair de France, lieutenant-général
» pour le roy en ses armées de Languedoc, Dauphine,
» Guienne et Lionnois, au sʳ evesque de Vabres, salut.
» Ayant despuis peu retmis en l'obeissance de sa maieste

(1) En vertu d'une transaction passée entre eux, le 29 avril
1607, le chapitre cathédral de Vabres avait permis aux habitants de Saint-Sever de démolir les fortifications ; la pierre qui
était en la tour devait se partager par moitié. Cette transaction
n'eut point son effet. (Répertoire·des titres et registres...., déjà
cité.)

» la ville de Sainct Sever, les maisons, forts et chas-
» teaux de Serac scistue en la terre de Brusque, de
» Luzanson scistué au terroir de St Georges, des Rives,
» de Caur, Murat et Mounes, le Mas, Rogier et Tour-
» mure, nous avons juge à propos pour le service du roy
» et bien de ses affaires et empecher que les rebelles ne
» s'en puissent doresnavant emparer, ainsy qu'ils ont cy
» devant faict, de faire desmolir et raser les *murailles et*
» *enceinte* de la *dicte ville* et *forts combler* et *les fosses* (1).
» A ces causes nous avons comis et comettons par les
» presantes pour ordonner et faire executer la desmoli-
» tion entière et rasement des dictes maisons, murailles
» et forts, *ensemble* de la *maison du nommé Linas*, scituee
» dans la dite ville de St Sever, le plus promptement et
» dilligemment possible, reservant sullement le *fort* et
» *réduit* pour le logement de la garnison par nous esta-
» blie au dict lieu de St Sever, permettons audict sieur
» evesque de Vabres (2) de comettre et de subroger en
» sa place pour la dicte desmolition telle personne que
» bon luy semblera. Enjoignons aux consuls des villes et
» communautés du pais du fournir des ouvriers et utils
» et soldats pour l'affaire des dicts rasements et desmoli-
» tions a quoi faire ils seront contraincts comme pour le
» propre affaire de sa maieste. En temoings de quoy nous
» avons signé ces presantes et icelles faict contre signer
» par nostre conseiller et secretaire de nos commande-
» ments et apposer le sceau de nos armes (3).

(1) Dans le compoix de 1610, il est fait souvent mention des
fossés et murailles de la ville. Après l'exécution de cette sentence rendue quinze jours après la prise de Saint-Sever, il ne
resta que les fossés qui entouraient le fort ou forteresse (Cahier
de Saint-Sernin 1670). « Déclarent lesdits consuls de Saint-
» Sever et lou Soulié quils n'ont aucuns communaux sur la
» place dudit St-Sever et les fossés qui environnent le fort
» dudit lieu. »

(2) François de la Valette Cornusson, évêque de Vabres, de
1622 à 1644.

(3) Cette ordonnance a été tirée de l'original conservée aux
archives de Saint-Georges de Luzençon, près Milhau. (Copie
aux archives de la paroisse de Saint-Sever.)

» Donné à Vabres ce vingt huictiesme jour de may mil six cens vingt huict. »

Par Monseigneur :
PEREAULT.

HENRY DE BOURBON.

Cette ordonnance fut fidèlement exécutée. La maison du sᵉ de Linas, après avoir été pillée, fut rasée ; les murailles de la ville furent détruites, les fossés comblés, et on ne réserva pour loger la garnison que la forteresse avec les fossés qui la protégeaient. Cette mesure de sévérité prise contre *une petite place* qui pendant trois jours avait bravé *toute sa fureur*, résisté aux nombreuses volées de *ses deux gros canons* qui ne purent pratiquer de brèche dans les murailles qu'au second jour, *contre une petite place* qui repoussa trois vigoureux assauts donnés par une partie de l'armée du prince et dont la valeureuse garnison ne se retira qu'à la fin du second jour à l'approche d'un furieux incendie, montre que Condé jugeait bien autrement que l'auteur de la *relation du siége de Saint-Affrique*, de cette *petite place de Saint-Sever* où, d'après cet auteur, se seraient commis sous les yeux même du prince des excès infâmes de barbarie et d'immoralité. Citer ce passage, après tout ce que nous avons dit, c'est le réfuter victorieusement.

« ..... Néatmoins, afin qu'il ne fut pas dit que le pre-
» mier prince du sang après la famille royale feut con-
» contraint d'abandonner une bicoque (Viane) sans coup
» férir quelque part, il pointe toute sa fureur contre un
» méchant poüilé, qui était à deux lieues de Viane,
» appelé Sᵗ Sever, lequel n'ayant pour toute fortification
» qu'une *méchante murette* de pierre à *preuve de pommes
» pourries* et n'ayant dedans que *trente cinq à quarante
» hommes*, oblige néatmoins M. le prince à y faire mar-
» cher devant *quinze cens hommes*, avec *deux gros canons*,
» après plusieurs volées desquels et après trois assauts
» vigoureusement soutenus, Linas, qui commandait de-
» dans, mit tout le *monde dehors en sureté*, ne laissant que
» le feu aux quatre coins de cette bourgade et le dépit
» aux ennemis de ne trouver dedans que trois ou quatre

» pauvres malades, sur lesquels ils exercèrent leurs bar-
» bares exploits de penderie, et quatre ou cinq pauvres
» femmes vieilles, qui furent le sujet de leur impudicité
» toute brutale. Il y eut en cette attaque soixante des
» ennemis de tuez et plusieurs de blessez (1). »

Le duc de Rohan se crut obligé de reconnaître les nom-
breux services que Linas avait rendus au parti de la réforme, en le dédommageant des grandes pertes qu'il avait
éprouvées, surtout lors du siège de la ville de Saint-
Sever. Il rendit en sa faveur l'ordonnance suivante :

« Henry duc de Rohan, pair de France, prince de
» Léon, etc., et chef et général des eglises réformées de
» ce royaume es provinces du Languedoc et Guienne,
» Sevenes, Gévaudan et Vivarez. A tous qu'il appartien-
» dra, salut. Dézirant gratifier et favorablement traister
» le sr de Linas icelluy des domages et recompenser des
» grandes pertes par luy faictes depuis et à l'ocasion des
» premiers mouvements notament lors de la prise du
» lieu de St Sever en Rouergue par l'armée de Mr le
» prince, l'année mil six cents vingt huit, ou il avait sa
» maison et meubles. Nous avons pour ces causes et pour
» donner moyen audit sr de Linas de continuer ses ser-
» vices audites églises et subvenir à l'entretiennement
» de luy et de sa famille de l'avis de nostre conseil fait
» et faisons don à icelluy par ces présentes des maisons,
» meteries et biens, fruits, grains, cabaux et bestails
» appartenants aux srs et demoiselle d'Arvieu en quelque
» part que soient scituez pour la présente année tant
» seulement, en quoy que les dits biens, revenus et ca-
» baux puissent consister. A la charge par le dit sr de
» Linas de payer et contribuer aux cottisations des tailles
» et charges ordinaires et extraordinaires des dits biens,
» lesquels en cette considération et soubz les conditions,
» nous avons prins et mis avec les mettayers, rentiers,
» domestiques, meubles, grains et bestails en la protec-

(1) Relation du siége de Saint-Affrique publiée par M. Ger-
main et citée par M. Philippe Corbière dans une notice sur
Viane, intitulée : *Souvenir d'une ville ruinée, d'après un car-
tulaire inédit*. (Chroniques du Languedoc, t. II, page 113.)

» tion et sauvegarde spéciale du Roy et la nostre, defen-
» dant à tous gouverneur, fics et gens de guerre, magis-
» trats, consulz et tous autres qu'il appartiendra de ne
» donner aucun trouble ni empêchement a peyne de dé-
» sobéissance.

» Donné à Castres ce vingtièsme jour de janvier mil
six cens vingt neuf (1). »

HENRY DE ROHAN.   *Par Monseigneur*,
                                      FAGET.

Cette ordonnance fut signifiée aux consuls de Viane,
dans le consulat desquels se trouvaient les biens donnés,
et au capitaine commandant la garnison de cette ville.

IV.

Le religionnaire Linas, qui défendit *si vaillamment* la
ville de Saint-Sever, était de la famille de Goudon ou
Godon. Dans le compoix de Saint-Sever, fait en 1610,
nous lisons : *Noble Jean de Goudon, seigneur de Linas* (2);
et dans des actes de 1624 et postérieurs signés *Linas,
noble Jean de Goudon, seigneur de Linas et coseigneur dans
Saint-Sever* (3).

C'est en cette qualité que, le 7 décembre 1607, par le
ministère de David Soulages, son curateur et tuteur, il fit
hommage au roi pour la seigneurie de Linas et la cosei-
gnerie de Saint-Sever. Voici cet acte tel que nous le
possédons aux archives de la paroisse.

« A Villefranche de Rouergue et dans la grande salle
» de la maison et trezorerie du roy ce septiesme jour du
» mois de dessembre mil six cens sept, pardevant noble
» homme monsieur Mᵉ Jean Durieu , conseiller du roy,
» présidant en la senechaussée et compte du Rouergue,
» maistre des requestes ordinaire de la royne Margue-

(1) L'original de cette ordonnance se trouve aux archives de
la paroisse.

(2) Aux archives de la paroisse.

(3) *Idem.*

» guerite duchesse de Vallois, comptesse du pays et sene-
» chaussee du Rouergue par le delayssement à elle fait
» du domaine dud compte fief de son conseil aud pays,
» commissaire depuste par lo roy et la royne à la recep-
» tion des hommages recog^ces denombremants et ser-
» ments de fidelitté deubs au roy en lad senechaussee,
» veriffication, révision des usurpaions faittes sur led
» domaine, asciste de noble homme Me Jean Durieu con-
» seiller du roy, juge mage et lieutenant general en la
» dicte senechaussee et es advocat et procureur du roy
» en l'absence toutes fois de domp Jacques du Chambon
» cons^er et aumosnier ordinaire de lad dame royne, com-
» missaire aussy depuste par leur. maj^te resultant des
» lettres pattantes de leur commission dont la teneur est
» icelle Marguerite royne duchesse de Vallois et Henry
» par la grace de Dieu roy de France et de Navarre et
» qu'ils leur ont esté lues et publiées. Et c'est présanté
» Me David Soulaiges habitant du lieu de Sainct Sever,
» curateur de noble Jean de Goudon sieur de Linas et
» conseigneur dans Sainct Sever lequel teste nue ung
» genouls en terre les mains jointes entre les mains dud
» sieur président et commissaire assis en son siége icel-
» les tenant sur les saincts évangilles a faict et prèsté
» les foy et homage et serment de fidellite que led sieur
» de Linas est tenu de faire a sa majesté. Acause de la
» dicte conseigneurie de Sainct Sever et seigneurie qu'il
» a au village de Linas juridition dud St Sever en Rouer-
» gue et touts autres fiefs, rentes pocessions nobles qu'il
» tient relepvant du roy cellon la qualitte debuoirs, char-
» ges et conditions diceux avec promesse de luy en ren-
» dre toute subjection obéissance et services personnels
» que pourra et est tenu lors et quant en sera comandé,
» deffendre et garder sa personne et son estat et géné-
» rallement faire et accomplir toutes autres choses que
» deppandra et pourra estre comprises au debuoir dud
» serment de fidellitte et homage. Et moienant ce led s^r
» president et commis^re pour sa maj^te a reçeu led Sou-
» laiges curateur dud layant baise a la joue en homme
» feal et vassal de sa dicte majesté saulf en touts le
» droict du roy et dautruy a la charge que led s^r de Linas
» vienne en personne dans quinze jours prochains ratifier

» led homage contenant les limittes et confrontations
» valleurs et quallite desd fiefs ensemble les lettres et
» documants escripts a peyne d'y estre constrainct led
» dellay passe par saizie desd fiefs et autres voyes en ce
» cas requises et acoustumées. A quoy led Soulaiges ains
» nous a promis et juré faire. En foy et tes moing de quoy
» led sieur présidant et commis᷎ a signé led homage et
» a icelluy faict appuyé du sceau de ses armes. »

Signé le greffier du domaine.....

RIEU presidant et commis᷎ʳᵉ (1).

Cet hommage fait par son tuteur, Linas le renouvela
vingt ans plus tard. Nous croyons devoir donner ici l'acte
qui l'atteste.

« Les commissaires depputé par le roy a la reception
» des hommaiges demembrements et serments de fidel-
» lite deubs à sa majᵗᵉ au pays et senechˢˢᵒ du Rouergue
» Confession des recognaissances et papiers de son do-
» maine Veriffication et liquidation dicelluy par lettres
» patentes de sa majᵗᵉ en forme de commission expédiées
» suivant le traité par icelle faict et accordé a Mʳ Es-
» tienne Goutte advocat au conᵉˡ dattees du vingttrois ͫᵉ
» jullet mil six cens neuf Arrest du conᵉˡ destat du
» troisᵐᵉ septambre mil six cens vingt cinq et aultres
» données en conséquence vériffiees au bezoing a esté.
» A tous ceulx quy ses pressantes verront, Salut. Scavoir
» faizons que ce jourdhuy datte des pressantes. Nous
» estant assemblés pour le faict de lad commission dans
» la ville de Sainct Sernin et maison de Mᵉ Pierre Dupuy
» juge royal de lad ville en la présance de Mᵉ Jean
» Dupuy procureur du roy en icelle. A compareu noble
» Jean de Goudon seigneur de Linas et conseigneur de
» Sainct Seber Lequel estant teste nue sans sainture
» espee ny espérons les genoux en terre tenant ses mains
» joinctes entre les nostres et les ayant eslevées en hault
» comme faizant profession de la relligion prethendue
» refformée a faict et preste lhommage quil doibt et est

(1) L'original se trouve aux archives de la paroisse.

» tenu fere au roy notre Sire Louis treitziesme roy de
» France et de Navare et à ses successeurs roys, pour et
» a cause de la seigneurie de Linas avec toute juridîon
» haulte moienne et basse mere mixte et impere Comme
» aussy pour la conseigneurie de Sainct Sever en paréage
» avec le roy et chappitre de Vabres pour semblable sei-
» gneurie et pour toutes aultres seigneuries fiefs et
» rantes quil a et possède dans la sénéch^{see} du Rouergue
» Et a promis et jure fere, randre toute fidellitte et
» obéissance a sad maj^{te} et deffandre et garder envers et
» contre tous de tout son pouvoir sad maj^{te} et son estat
» et fere toutes aultres choses quil est obligé par le
» debuoir dud serment de fidellite et hommaige lige (1)
» moienant lequel nous dicts commis^{res} au nom de sad
» maj^{te} avons receu led sieur de Goudon en homme féal
» et vassal de sad maj^{te} baille et octroye a icelluy main
» levée desd seigneuries phiefs et rantes sy point ont esté
» pour ce saijies saulf en tous les aultres droicts deubs a
» sad maj^{te} et aultruy Neanmoins Ordonnons que led s^r
» de Goudon remettra devers n^{re} greffier dans quarante
» jours son denombrement par le meme desd seigneuries
» phiefs et rantes pour lesquels Il a presté hommaige
» avec déclaration des limittes et confrontaôns valleur
» et qualitté diceulx ensemble ses titres concessions et
» documents en conséquence desquels il les possède pour
» estre communique aud procureur du roy et Goutte
» affin de le blasmer et contredire sy bon luy sieid pour
» ce faict estre procedé a la veriffication dicelle ainsy
» quil appartiendra et led dellay passe procede par saijie
» desd phiefs et rantes et autres voyes en tel cas requi-
» ses et que led sieur de Goudon a promis et jure en
» presance de Guilhaume Albert de Villefranche de
» Rouergue et David Cousy de Millau procureur soubs^{nes}
» avec le sieur com^{re} et tes moings de quoy luy avons
» faict expedier ses pressantes signees de nous et contre-
» signées par n^{re} greffier et icelles du scel royal de lad
» commission. »

(1) Hommage plein.

Faict a Sainct Sernin le quinziesme jour du mois de jullet mil six cens vingt sept.

DU RIEU, *juge mage*.   LAGARDE, *greffier*.

LHOBINHES, *tresorier* (1).

Jean de Goudon était donc seigneur de Linas, ayant la seigneurie haute, moyenne et basse dudit lieu. Ces qualités lui sont données dans un acte d'arrentement perpétuel du domaine de Ramayrols, situé dans la juridiction de Saint-Sever et dans la seigneurie de Linas (2).

Le fief de Linas, qui était joint au prieuré de Saint-Sever, fut vendu par le prieur et coseigneur Jacques de Goudon, du consentement de l'évêque, à noble Jean de Fons, de Lodève, au prix de cinq cent quatre-vingts écus sol. Cette somme fut versée entre les mains de Raymond Roumieu, receveur du diocèse de Vabres. Jean de Fons céda ce fief, au même prix, à noble Raymond de Goudon, grand-père de Linas, le 27 juin 1583 (3).

Jean de Goudon n'était que coseigneur de Saint-Sever, la seigneurie de Saint-Sever étant en paréage entre l'évêque de Vabres, le roi et le prieur dudit lieu (4). Dans une reconaissance des évêques de Vabres 1325, il est dit : « Nous avons dans Saint-Sever et la » paroisse la moitié de la justice haute, moyenne et » basse appartenant à nous seuls et entièrement, l'autre

(1) Original de cette pièce aux archives de la paroisse.

(2) L'original se trouve aux archives de la paroisse.

(3) *Idem*.

(4) L'évêque était devenu coseigneur de Saint-Sever en unissant à la mense épiscopale le monastère de Vabres et ses dépendances. Or, le monastère et l'église de Saint-Sever en dépendaient. Le roi, lui aussi, était devenu coseigneur de Saint-Sever en vertu d'un acte de paréage qui fut renouvelé en 1285. Il vendit sa part de seigneurie à noble sr de Saint-Juéry, en 1583. Elle fut rachetée par l'évêque de Vabres le 24 juin 1642 (Archives de la paroisse).

» moitié est en paréage entre le roi et le prieur dudit
» lieu (1). »

Pour subvenir aux grandes dépenses que nécessitaient
continuellement les guerres de religion, le roi Henri III
obtint du Souverain Pontife Grégoire XIII une bulle
datée de Saint-Pierre-de-Rome, l'an 1576 et le quinzième
jour des calendes d'août et la cinquième année de son
pontificat, par laquelle ce Pontife l'autorisait à vendre
du temporel des bénéfices ecclésiastiques pour la somme
de cinquante mille écus. L'évêque de Vabres fut taxé à
fournir pour sa part trente escus de rente. Le roi en
cette circonstance (1583) vendit sa part de seigneurie
de Saint-Sever à noble sr de Saint-Juéry qui, plus tard,
la revendit au même prix à l'évêque de Vabres, le 24 juin
1642. François de la Valette Cornusson, évêque de Vabres, pour acquitter sa cotisation, vendit, à son tour, avec
autorisation du Souverain Pontife et du roi sa part de seigneurie de Saint-Sever. Cette vente fut faite dans le
château de Saint-Izaire, le 27 juin 1583, en faveur de
noble Jean de Fons, de Lodève, qui la céda aussitôt et au
même prix à noble Raymond de Goudon, seigneur de
Brinhac. Cette part de seigneurie consistait en la place et
seigneurie de Saint-Sever, avec toute juridiction haute,
moyenne et basse indivise entre le roi et le seigneur
prieur dudit lieu ; en la quantité de cinq sétiers et trois
quartes seigle, douze sétiers et trois quartes avoine, un
setier et deux boisseaux froment, vingt quatre sols et
six deniers argent, quatorze gélines, en la moitié du four
de Saint-Sever, avec censives, rentes, quarte, quinte et
autres devoirs seigneuriaux que l'évêque de Vabres avait
accoutumé de prendre ou lever en toute la terre, paroisse
et juridiction de Saint-Sever. L'évêque ne se réserva pas
même la censive annuelle qu'il prenait au village de
Linas et qui déjà avait été vendue par le seigneur prieur

---

(1) Nos habemus in Sancto Severio et ejus parrochia medieta-
tem altæ, mediæ et bassæ justitiæ ad nos solum et in solidum
pertinentem, et alia medietas altæ juridictionis est in paratgio
cum rege et priore dicti loci. (Reconnaissance des évêques de
Vabres.)

avec consentement de l'évêque, à noble Jean de Fons, ainsi qu'il a été dit plus haut (1).

En l'année 1642, le syndic du chapitre de Vabres, comme prieur de Saint-Sever, porta une demande devant le Parlement de Toulouse pour que noble Jean de Goudon, seigneur de Linas et petit-fils du s^r de Brinhac, fût condamné à faire revente de cette portion de seigneurie, vu que les fiefs nobles possédés par Jean de Goudon dans le lieu de Saint-Sever étaient tombés en *commise* (2) et se trouvaient réunis à la mense du chapitre *pour devoirs non faits et redevances non payées, et faute d'avoir fait foi et hommage et bailler le dû et le dénombrement de tous ses fiefs* (3).

L'arrêt fut rendu par le Parlement de Toulouse, le 12 septembre 1643, et Linas fut condamné à revendre cette portion de seigneurie au prix qu'elle avait été acquise avec une plus value de deux mille trois cent cinquante-cinq livres (4).

Enfin, le 3 septembre 1659, après de longs procès, la chambre des requêtes du Parlement de Toulouse rendit un jugement en faveur du syndic du chapitre de Vabres. Noble Jean de Goudon, s^r de Linas, est condamné à rendre foi et hommage audit syndic et à lui passer reconnaissance des fonds et propriétés qu'il possède dans l'étendue de la terre de Saint-Sever et lui payer les censives et autres devoirs seigneuriaux avec les arrérages, et démolir les tours seigneuriales et créneaux par lui édifiés, depuis l'introduction de l'instance, dans ladite seigneurie de Saint-Sever, avec défense de prendre la qualité de seigneur de Saint-Sever sous peine de mille livres et avec dépens, ne pouvant désormais lui et ses enfants prendre dans les actes que le titre de coseigneur de Saint-Sever (5).

(1) Actes aux archives de la paroisse.
(2) *Commise* — appropriation du fief que le seigneur avait droit de réunir, faute du vassal de rendre les devoirs féodaux.
(3) Pièces concernant le procès du s^r de Linas contre le syndic du chapitre de Vabres. — Aux archives de la paroisse.
(4) *Idem.*
(5) *Idem.*

V.

La famille de Goudon est une famille très ancienne, s'il faut s'en rapporter au témoignage d'un de ses membres qui a dressé un arbre généalogique remontant au xve siècle. Il déclare même qu'on pourrait la faire remonter au-delà du xiie, si on parvenait à déchiffrer certains actes de cette époque (1).

L'Institut héraldique de Paris, le 14 avril 1858, adressa une lettre à l'un des descendants de Goudon pour lui proposer l'acquisition de certains titres originaux. Parmi ces titres, il en était un, daté de 1315, où un certain *Guilhaume de Goudon* figure pour l'achat d'un setier de froment ; et un autre de 1324 où *Jacob de Goudon* se trouve mentionné dans une charte avec plusieurs autres gentilhommes.

La famille de Goudon est originaire du Languedoc et connue très anciennement dans cette province. Suivant un rapport de l'Institut héraldique de Paris (2), elle a pris constamment ses alliances dans les premières maisons du Languedoc, ainsi qu'on le verra dans la suite de ce mémoire, et a occupé des grades élevés dans l'armée.

Vers la fin du xve siècle, elle se divisait en deux branches ; l'une habitait Lodève et l'autre Clermont. La première, qui écrivait habituellement son nom de *Goudon*, je dis habituellement, parce qu'on trouve quelques exemples du contraire, avait pour chef, à cette époque, noble Jean de Goudon, marié à demoiselle Hélix de Serres ; la seconde, plus ordinairement connue sous le nom de *Godon*, avait pour chef noble Antoine de Godon, marié à demoiselle Françoise de Cantoin.

Nous n'avons à nous occuper dans ce mémoire que de la première branche. Nous possédons cependant certains documents sur la seconde.

(1) Copie de cet arbre généalogique, aux archives de la paroisse.

(2) Copie de ce rapport, *idem*.

Noble Jean de Goudon, habitant la ville de Lodève, eut cinq enfants de son mariage avec D^{lle} Hélix de Serres. Le troisième de ses enfants, Jacques de Goudon, religieux de l'ordre de Saint-Benoît de l'abbaye de Vabres, fut fait prieur forain de Saint-Sever, et en cette qualité il devint coseigneur dudit lieu. Le fief de Linas (1) relevait de sa seigneurie puisqu'il dut , par procuration faite à noble Raymond de Goudon, plus jeune, consentir une lauzime (2) en faveur de Me Guilhaume Capdenat, prêtre et recteur, pour l'acquisition d'un pré dans les appartenances de Linas (3).

Le prieur ne tarda pas à attirer tous ses frères auprès de lui. D'abord ce fut noble Raymond de Goudon, plus jeune, qu'il constitua son procureur (4) pour transiger sur un procès qu'il avait avec les manants et habitants de Saint-Sever et gérer en son nom le prieuré. Puis ce fut l'aîné de la famille, noble Raymond de Goudon , qui, du consentement de son frère le coseigneur, acheta le 12 novembre 1555, de noble Paul de Bourcier, seigneur de Barre, les terres de Saint-Sever, le Soulié et autres (5). Le 31 décembre de la même année , il acquit, des enfants mineurs de noble de Rousses, la seigneurie de Brinhac, près Lodève, et ajouta à ses titres celui de seigneur de Brinhac, titre qu'il porta depuis habituellement (6). Noble Fulcrand de Berenguier, seigneur de Montmoton, lui vendit les terres et châteaux de Saint-Félix, de Lauras et du Sobès, le 17 septembre 1567, et noble Jean de Fons, la part de seigneurie de Saint-Sever qu'il avait acquise de l'évêque de Vabres, François de la Valette,

---

(1) Linas, petit village à 3 kilomètres de Saint-Sever, sur la rivière de Linarette.

(2) *Lauzime* — permission que le seigneur accordait à un de ses vassaux de vendre, d'acquérir ou d'échanger ses propriétés moyennant le droit de mutation.

(3) Les seigneuries jointes au prieurés sont :... Saint-Sever... et les fiefs et directes sont : Linas..., etc. (Notice sur l'abbaye de Vabres, par l'abbé Vidal, curé de Saint-Sever.)

(4) Copie de l'acte, aux archives de la paroisse.

(5) Actes aux archives de la paroisse.

(6) *Idem.*

ainsi que le fief de Linas, le 27 juin 1583 (1). Raymond prit le titre de seigneur de Linas, que portèrent après lui ses descendants.

Aux seigneuries de Saint-Sever, Linas, Brinhac, etc., les Goudon ajoutèrent bientôt les seigneuries de Senaux et Cabanes (Tarn), que leur transmit par testament Isabeau de Goudon, dame d'Arvieu, veuve en premières noces de noble de Rouquette, de qui elle hérita (2). De là le nom de de *Rouquette* que les Goudon portèrent dans la suite. Enfin, en 1721, par le mariage de noble Jacques de Goudon, seigneur de Senaux, avec demoiselle Antoinette de Galtier de Lambas, ils acquirent la seineurie de Talpayrac (3).

Noble Pierre de Goudon, seigneur de Favas, et autre noble Pierre de Goudon, plus jeune, ne tardèrent point, eux aussi, à se réunir à leurs frères et à venir habiter Saint-Sever où ils possédaient plusieurs maisons outre la maison prieurale.

Les cinq frères embrassèrent de bonne heure le parti de la Réforme et devinrent d'ardents sectaires. Le prieur, surtout, ne garda aucune borne. Aussi le voyons-nous, en 1564, malgré l'édit de pacification donné à Amboise, le 19 mars 1563, par Catherine de Médicis et qui portait abolition générale pour le passé, sentir le besoin de lettres particulières de grâce pour se faire pardonner ses excès. Le malheureux avait été vu, infidèle à ses engagements les plus sacrés, quitter après plus de vingt ans de vie religieuse l'habit de son ordre, prendre la cape du soldat, suspendre une épée à sa ceinture, se fortifier dans la maison prieurale où il faisait faire les exercices de la *nouvelle religion*, prélever des contributions sur ses paroissiens pour l'entretien de la nouvelle religion et de ses sectateurs, frapper, maltraiter ceux de ses paroissiens qui ne veulent point se rendre au prêche ouïr les ministres, donner de l'argent aux prêtres pour qu'ils ne chantent plus la messe et n'exercent point le

(1) Actes aux archives de la paroisse.

(2) *Idem.*

(3) *Idem.*

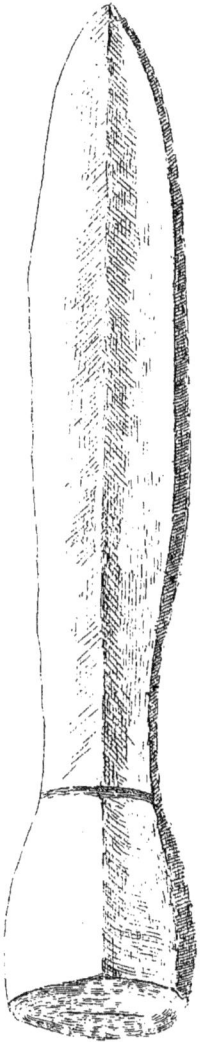

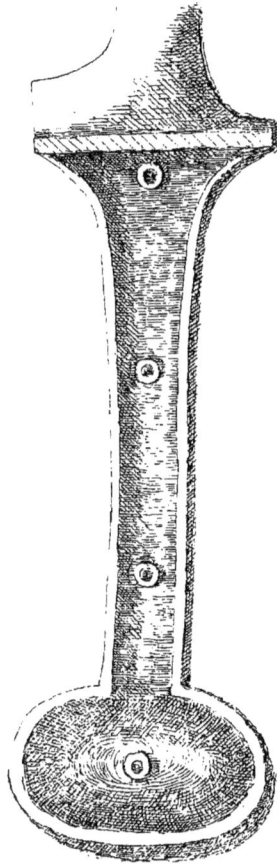

LANCE

POIGNARD

AGRAFE (CUIVRE DORÉ)

Pl. II.

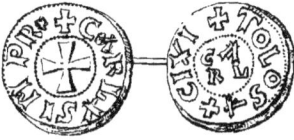

CHARLES-LE-CHAUVE

(Monnaie en argent)

ANNEAU

(Métail blanc)

ANNEAU EN CUIVRE

ANNEAU (Métail jaune)

Taillé pour recevoir des pierreries

HENRI I, Comte de Rodez

(Monnaie en cuivre argenté)

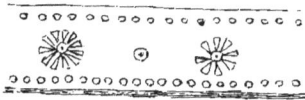

CUIVRE DORÉ

Pl. III.

AUTEL PORTATIF OU PIERRE SACRÉE

(Longueur 0,35, largeur 0,28)

saint ministère. Durant les troubles religieux, il assemble trois cents hommes qu'il munit d'armes prohibées, commet une infinité de crimes comme violences, rapts, meurtres, etc. Le Parlement de Toulouse, en 1567 (1), le condamne à cesser de pratiquer et faire pratiquer la religion prétendue réformée et à aller recevoir de son évêque la punition canonique. Mais, au lieu de se soumettre, il marche dans la funeste voie qu'il a choisie et redouble ses excès. Dans son testament, fait le 29 novembre 1581 (2), il va jusqu'à rendre grâces à Dieu de ce qu'il a eu pitié de lui en le retirant de la *voie d'erreur* et *de perdition* pour l'amener au chemin du salut, et déclare vouloir vivre et mourir dans la religion réformée. Il laisse pour propager et entretenir le protestantisme dans Saint-Sever une fondation destinée à payer un ministre de l'*Evangile*, et veut que le legs qu'il fait aux pauvres soit distribué d'après l'avis des membres du consistoire de l'église réformée de Saint-Sever (3).

Raymond de Goudon, plus jeune, devint ministre de la Réforme et exerça ses fonctions dans Saint-Sever et les lieux environnants, appuyé sur l'influence du coseigneur et sur l'épée des sieurs de Brinhac et de Favas.

A l'âge de cinquante ans, il songea à se marier et épousa sa servante, Madeleine Tubières. Celle-ci, qui ne l'épousait que pour avoir sa fortune, comme elle le disait hautement, voulut s'en emparer le plutôt possible. Dans ce dessein, elle fit diverses tentatives pour s'assurer des complices, et, sept ou huit mois après le mariage, sous prétexte de guérir son mari d'une douleur à un œil, elle lui appliqua avec du coton un liquide sur les deux yeux, qui le fit tellement souffrir qu'il ne put le supporter que deux ou trois heures et perdit complètement

(1) Original de cet arrêt sur parchemin, aux archives de la paroisse.

(2) Copie de ce testament, aux archives de la paroisse.

(3) Ce fut en 1605 que les anciens du consistoire donnèrent quittance des 300 livres léguées aux pauvres par feu le *prieur*. Voici leurs noms : Antoine Sicard, Bernard de Lautrec, Jean Cambon, Guilhaume Montane, Pierre Trinquier, Antoine Bec (Quittance, aux archives de la paroisse).

la vue. Simulant alors une pitié qu'elle n'éprouvait point, Madeleine propose d'appeler un médecin pour le soulager. Le ministre réclame un docteur de Castres appelé Raoult, qui a toute sa confiance. Madeleine ne peut y consentir, ne voulant point, dit-elle, qu'un médecin papiste touche à son mari. Aidée d'André Izac, son serviteur et complice, elle fait venir un certain Voizin médecin de Milhau, et éloigne de la maison les autres domestiques sous divers prétextes. Une potion dormitive est préparée par Cambon, pharmacien de Lacaune, suivant l'ordonnance de l'homme de l'art, et cette potion produit un tel effet que le pauvre patient s'endort d'un profond sommeil. Le médecin feint de quitter Saint-Sever et se retire aux faubourgs, où il se cache chez un nommé Pagès. Madeleine profitant du sommeil profond de son époux, s'empare de la clef du coffre et en enlève cinq à six mille écus, pesant environ quinze livres or, poids de romaine.

Cependant la potion est si violente qu'au bout de vingt-quatre heures d'un sommeil profond, le malheureux ministre est saisi de convulsions affreuses. Les traits de son visage se contractent, son corps devient tout noir, mais les efforts qu'il fait provoquent bientôt des vomissements qui le soulagent. Quelques jours plus tard, il visite son coffre et quel n'est pas son désespoir lorsqu'il se convainc que son trésor a disparu. Soudain, il fait arrêter André son domestique, Madeleine et plusieurs autres personnes. André s'avoue coupable, et tandis qu'on relâche les autres, il s'évade, se rend à Paris et de là en Allemagne. Madeleine Tubières ne reparaît plus à Saint-Sever, elle se retire à Saint-Rome. Quant au trésor, apporté, pendant le sommeil du ministre, chez le nommé Pagès où se trouve le docteur, il avait été partagé entre Madeleine, le docteur et André; on laissa à Pagès une certaine somme pour lui et pour le pharmacien de Lacaune (1).

Le ministre vécut encore seize ans, pleurant sans

(1) Information de cette affaire, aux archives de la paroisse.

doute sur ses infirmités et sur la perte de son argent. Sa mort arriva le 12 avril 1619 (1).

Nous n'avons pas pu savoir s'il eut des successeurs dans Saint-Sever. Ce que nous savons, c'est que, en 1643, un ministre du Pont-de-Camarès venait desservir l'église réformée de Saint-Sever : il s'appelait Marroles (2).

Le protestantisme une fois établi, tous les Goudon travaillèrent avec zèle à le maintenir dans le pays. Brinhac, Favas, Linas père et fils par les armes, le prieur et le ministre par les *promesses* et par l'*argent*, ainsi qu'il ressort d'une enquête faite le 5 mai 1604 (3).

Raymond de Goudon, seigneur de Brinhac, suivit la carrière des armes. Nous le trouvons en 1564 dans les armées royales commandées par le sieur comte de Crussol, puis dans les armées de la Réforme, sous les ordres du sieur de Châtillon, duc de Coligny, qui, le 1er septembre 1585, lui écrit de venir le rejoindre à Meyrueis avec le plus de gens qu'il pourra et le traite de son meilleur ami (4). Au siége de Lunas, d'après une lettre du duc de Montmorency (5), il était capitaine et

(1) Voici l'extrait mortuaire tel que nous l'avons trouvé : Ce douzième jour du mois d'avril mil six cens dix nenf est mort noble Raymond de Goudon, conseigneur de Saint-Sever, de très huruse mémoire et a lhure de quatre hures Et demeura malade dans son lit depuis le mardy au soir après Pâques jusques au vendredy de lautre semaine. An et jour sus dits Et le treizième fut ensevely à dix hures.

(2) Nous avons deux quittances faites par ce ministre à *Linas*, nous en donnons une :

Je soussigné ay reçu de Mr de Linas la somme de cinq livres pour la moitié de ce qu'il a promis de payer chascun an a la descharge de ce que l'église de Saint-Sever doibt bailler a l'eglise du Pont du Camarès pour le portion quelle prend de mon ministère et ce en déduction de ce que lad eglise de Saint-Sever doibt payer. En foy de ce me suis signe. A Saint-Sever le 29 apvril mil sin cens quarante trois.   MARROLES.

(3) L'original de cette enquête, signé du juge et du greffier, se trouve aux archives de la paroisse.

(4) Copie de cette lettre, aux archives de la paroisse.

(5) Il est parlé de cette lettre, datée du 8 décembre 1585, dans un extrait des registres de la Chambre souveraine des francs fiefs (Aux archives de la paroisse).

devint maître des camps d'un régiment de gens à pied. C'est probablement pendant que Brinhac se trouvait dans les armées de la Réforme que les protestants s'emparèrent de Saint-Sever, ainsi qu'il est dit au livre de paroisse : « L'an 1587, les religionnaires, après s'être » établis à Roquecezière et à Murasson, s'emparèrent » aussi de Saint-Sever et la majeure partie des habi- » tants abandonna la foi de ses pères pour embrasser » les erreurs et les hérésies de Calvin. »

Par quels moyens les protestants parvinrent-ils à s'emparer de la ville ? Nous ne le savons pas; les documents nous manquent. Cependant nous croyons qu'ils durent y parvenir facilement, aidés par les Goudon qui purent leur livrer la ville et la forteresse. A partir de ce moment, jour et nuit on monte la garde dans la ville pour éviter toute surprise des armées catholiques. C'est sans doute à cette même époque que les protestants détruisirent l'église et chassèrent de l'enceinte de la ville les prêtres qui y résidaient. Dans le compoix de 1610, nous voyons que Mc Lautrec, prêtre, habitait le *barri de la grave*.

Saint-Sever et le Soulié (1) devinrent presque entièrement protestants, quoi qu'il soit dit dans l'enquête précitée que « *il y avait plusieurs catholiques audit Saint-Sever et le Soulié, qui vivaient avec ceux de la religion et gardaient le fort ensemble dudit Saint-Sever.* »

Mais si la presque totalité des habitants de Saint-Sever et du Soulié se laissa entraîner dans les erreurs protestantes et renia son antique foi, elle sut y revenir promptement, dès que le prince de Condé eut conquis la ville. Grâce au zèle de saints prêtres qui furent appelés tour à tour au gouvernement de la paroisse, grâce au dévoûment des bons religieux capucins de Notre-Dame-d'Orient qui vinrent les seconder, les abjurations publiques furent si nombreuses que, déjà depuis longtemps, il n'existe plus un seul protestant dans toute l'étendue de la paroisse. Les seigneurs, qui avaient entraîné le peuple dans l'er-

_____

(1) Petit village à un kilomètre de Saint-Sever. Il relevait de l'évêque de Saint-Pons-de-Thomières et avait un siége de justice.

reur, se laissèrent subjuguer par son exemple et rentrèrent dans le giron de l'église. Heureux s'ils y avaient persevéré et n'étaient revenus quelques années plus tard à des erreurs librement abjurées !

Condé conquit la ville non seulement au catholicisme, mais encore au service du roi, dans lequel elle demeura toujours fidèlement. Ses seigneurs l'imitèrent. Linas lui-même mérita de la part du prince de Condé ce certificat de bon service.

« Le prince de Condé premier prince du sanc premier
» pair de France duc Denguien les Ronces et Montmo-
» rency gouverneur et lieut^t gen^{al} pour le roy en Bour-
» gogne et Bresse et Berrry commendant pour sa maj^{te}
» en ses armees es province de Guienne Languedoc
» Navarre Bear et Foix.

» Certifions a tous qu'il app^{dra} que le s^r de Linas et de
» St Sever en Rouergue a bien et dig^{nt} et fidelement
» servy le roy en son armee que nous commandons en
» Rossillon et ce en qualité de gentillome volontere dans
» la troupe de noblesse comendee par le s^r marquis de
» Malauze et ce pendant la campagne et partant il doit
» estre descharge de toutes taxa$\overline{o}$ns de ban et arrière
» ban faites et a fere En foy de quoy luy avons expedie
» le present certificat A Narbonne le cinqui$\overline{e}$ novem-
» bre 1639 (1).

HENRY DE BOURBON.   Par Monseigneur,
                                                    PERRAULT.

(1) Copie aux archives de la paroisse; original au château de Senaux.

Un autre Linas a obtenu du lieutenant d'un autre Condé, un siècle et demi plus tard, un autre certificat que nous avons eu aussi sous les yeux.

« Nous Louis Alexandre Elisée, marquis de Monspey maré-
» chal des camps et armée du Roy, colonel du second régiment
» de cavalerie noble à l'armée de S. A. S. Monseigneur le
» prince de Condé; certifions que Monsieur Jean Charles de
» Goudon, né à la Caune, en Languedoc, le 28 octobre 1753;
» garde du corps du roy, compagnie écossaise, le 16 octobre
» 1772; capitaine de cavalerie en 1787: était de service auprès
» de la personne du roy aux malheureuses journées des 5 et 6
» octobre 1789; émigré le 6 novembre 1791; a fait la campagne

La famille de Goudon qui, déjà depuis quelques temps avait établi son domicile à Lacaune ou au château de Senaux, disparut tout à fait du pays du Rouergue, lors de la vente qu'elle fit de tous les fiefs et biens qu'elle y possédait.

Le 17 février 1767, messire Jean François de Goudon, seigneur de Senaux et citoyen de Lacaune, vendit à Pierre Rouquette fils aîné tous les fiefs qu'il possédait dans la terre de Saint-Sever et le Soulié, ainsi que les fiefs des Catous dans le fonds appartenant à Murasson, sans en rien réserver, avec tous les droits qui en dépendaient, conformément aux reconnaissances et dénombrements remis par le vendeur à l'acheteur, pour la somme de 2,250 francs.

Suivant autre acte du même jour le même seigneur de Senaux vendit à Pierre Rouquette les domaines de Malviès et Salelles au prix de 4,250 livres, savoir : pour les biens relevant du chapitre de Vabres 3,450 livres et pour ceux relevant du sieur Rouquette fils 800 livres, avec les droits et les devoirs seigneuriaux portés par les titres, les baillant néanmoins francs et quittes d'iceux, ensemble de toutes tailles et autres charges annuelles.

Ces deux ventes furent autorisées par le roi le 20 avril 1758. Le prix de la première devait acquitter diverses dettes contractées par le seigneur de Senaux chez plusieurs marchands de Lacaune, celui de la seconde d'autres dettes qu'avait nécessitées l'entrée de son fils aîné au service du roi, comme page.

Le 9 octobre 1771, messire Jean Louis Jacques Antoine de Goudon, seigneur de Senaux, fils du précédent, ratifia

---

» de 1792 à l'armée commandée par leurs altesses royales Mon-
» sieur et Monseigneur comte d'Artois; a joint l'armée de
» S. A. S. Monseigneur le prince de Condé et le second régi-
» ment de cavalerie noble le 25 octobre 1795, y a fini cette cam-
» pagne et fait celle de 1796; qu'il a servi avec zèle, honneur
» et distinction; en foy de quoi nous lui avons délivré le pré-
» sent certificat signé de notre main et scellé de nos armes. A
» Liptingen près Düttlingen en Suabe le 9 octobre 1797. »

Place du sceau.   Le marquis de MONSPEY.

moyennant une plus-value les ventes consenties par son père (1).

Les Goudon conservèrent encore des rentes nobles dans les appartenances de Saint-Sever, principalement à Ramayrols. Nous trouvons des quittances jusqu'en 1796, signées tantôt de Goudon Saint-Sever, tantôt Saint-Sever Senaux, d'autrefois Escrous Saint-Sever. Jean François de Goudon avait épousé en 1740 Elisabeth de Beine d'Escrous.

VI.

A un kilomètre environ au nord de la petite ville de Saint-Sever et adossé à la montagne, Linas possédait un château appelé *Malviès, mala via*, sans doute à cause du chemin ardu et pierreux qui y conduisait. Ce château, avec son allée d'arbres autrefois séculaires (2), existe encore, quoique ayant éprouvé de nombreuses modifications qui lui ont enlevé son caractère. Il se compose d'un seul corps de bâtiment, flanqué de deux tourelles carrées avec meurtrières et mâchicoulis dans le bas. Le haut est couronné d'un toit à légère pente. Du côté du midi, la façade a été rebâtie. On a remplacé les fenêtres à croix en pierre par des fenêtres modernes, enlevé les meurtrières qui se trouvaient au-dessous de ces fenêtres et qui étaient pratiquées au milieu de pierres de taille carrées. Du côté du nord, la façade a été conservée. On y voit encore les anciennes fenêtres, et, sous le crépissage, on découvre les meurtrières. Une tour carrée, appelée encore aujourd'hui le *fort* et qui ne s'élève maintenant qu'à la hauteur du toit, protégeait le château de ce côté. Au midi une haute muraille avec deux grandes portes entourait la basse-cour qui régnait au-devant du château.

Sur la colline qui couronne Malviès se trouve un petit plateau appelé la *Tourelle*, probablement à cause de quelque tour d'observation qu'on y avait construite et qui dominait, avec la ville de Saint-Sever, la petite vallée

(1) Actes de vente, chez Mr Rouquette de Malviès.
(2) Il y a encore aujourd'hui deux frênes fort anciens.

arrosée par le limpide *Toudoure*. Dans la partie nord, nous avons découvert un grand nombre de tombeaux orientés, formés d'énormes dalles, mais vides d'ossements.

En face de Malviès, de l'autre côté de la petite vallée, s'élève la montagne appelée *lou puech dei los fourcos* ou fourches patibulaires.

Il n'a point existé d'autre château dans les environs de Saint-Sever, quoique souvent on ait donné le nom de château à plusieurs maisons bourgeoises, entre autres à Artigals. Il est dit dans un compoix de 1738 : *Noble Joseph Louis de Mourilhon, seigneur de Murasson, jouit : premièrement la métairie d'Artigals consistant en un château, fénières*, etc. Cette maison n'était point un château, car il est dit dans un acte de 1649 que *D^lle Esther de Ferrières, seigneuresse d'Artigals, arrente par manière d'afferme la métairie d'Artigals, consistant en maison, fénières*. La maison, telle qu'elle existe aujourd'hui, ne présente guère l'aspect d'un château. Du reste, dans le pays, on est assez porté à donner le nom de château à toute maison un peu plus vaste et un peu plus élégante qu'une maison ordinaire.

Il n'y a donc point eu dans les environs de Saint-Sever d'autre château que celui de *Malviès* et par conséquent, il ne peut rester la place d'un ancien *château de Linas, place marquée par des ruines*, ainsi que le dit l'auteur des *Documents historiques et généalogiques sur le Rouergue* (1). De mémoire d'homme, personne dans la contrée n'a entendu parler de ces prétendues ruines et surtout ne les a jamais vues. Et nous-mêmes, depuis huit ans que nous habitons le pays, n'avons, malgré nos recherches, pu en découvrir la moindre trace. Il en est de même pour les environs du village de Linas ; nulle part on ne trouve le moindre vestige de ruines de château ; et nul parmi les habitants les plus avancés en âge n'en a entendu parler.

L'auteur du *livre de paroisse* suppose que le château de Linas était situé dans le village de ce nom : « Enfin, » dit-il, à une demie lieue environ de Saint-Sever est

(1) T. II, page 66.

» un petit village appelé Linas, du nom du seigneur qui
» commandait à Saint-Sever et qui en soutint le siége
» avec tant d'opiniâtreté (1). On y aperçoit encore quel-
» ques vestiges de son ancien château. »

Les vestiges d'ancien château qu'on nous a montrés
dans le village de Linas consistent en : 1° une maison
bourgeoise, au pignon de laquelle nous avons remarqué
deux meurtrières et qui porte le nom *del costel dei mossou
Sermet*, nom d'un religionnaire obstiné ; 2° une voûte
adossée à un rocher destiné à devenir une cave à vin et
de récente construction ; 3° une lucarne d'une seule
pierre, avec moulures, qu'on dit provenir de l'ancien
château du seigneur et qui est enchâssée dans le mur
d'une maison bâtie avec de la terre. Il nous a été impos-
sible de voir là les vestiges d'un ancien château. Linas
n'avait donc point son château dans le village de ce nom,
si on doit en juger par ce qui se voit aujourd'hui.

Dans une reconnaissance de l'époque, il est dit que,
lorsque le seigneur de Linas allait au village de son nom,
le jour de la fête patronale, les *vassaux étaient tenus
d'aller à sa rencontre tête découverte, pieds nus, de se mettre
à genoux devant lui, et de lui fournir tout le temps de son
séjour pour lui, ses gens, ses chevaux et ses chiens bonne et
copieuse viande*. Cette reconnaissance ne suppose t-elle
pas que le seigneur n'habitait pas d'ordinaire le village
de Linas et qu'il n'y allait que rarement. En aurait-il
été ainsi s'il eut eu un château à Linas ?

Comme les autres Goudon ses oncles, Linas possédait
dans Saint-Sever plusieurs maisons bourgeoises qu'on
a appelées quelquefois du nom de château. Ainsi, il est
dit dans le testament de noble Jacques de Goudon, prieur
et coseigneur de Saint-Sever que l'acte est fait dans
la salle du château dudit lieu. Or, ce château n'était
autre que la maison prieurale (2).

(1) Linas avait pris son nom du fief de Linas, puisque avant
lui son père et son grand-père l'avaient porté depuis qu'ils
avaient acquis ce fief.

(2) Plusieurs actes qui se trouvent aux archives de la paroisse..... dans la maison priorale dit château dudit lieu.

Voici ce que nous trouvons dans le compoix de 1610 (1).

1° *Noble Raymond* de *Goudon* tient dans l'enclos de Saint-Sever : une maison à trois stations.....

Item à qui mesme, une maison à deux stations.....

Item à qui mesme, une maison à deux stations.

2° *Noble Jean* de *Goudon*, *seigneur de Linas*, tient dans l'enclos de la ville de Saint-Sever : une maison à trois stations.....

Item à qui mesme, une maison à trois stations, rue de l'entrée de la porte (2).....

Item à qui mesme, à la Tourn de Commeyras, un long casal.....

Item à qui mesme, au-devant de la porte d'entrée de Saint-Sever, une maison à deux stations.....

3° *Héritiers* de *noble Pierre* de *Goudon* tiennent dans l'enclos de la ville de Saint-Sever : une maison à quatre stations.....

Du reste, un château dans l'enceinte de la ville eut été bien inutile. L'enceinte entourée de murailles de deux mètres d'épaisseur et de fossés profonds, était de petite étendue : tout au plus mesurait-elle trois cents mètres de pourtour. A la porte d'entrée qu'on pouvait barrer, se trouvait la Tour de Commeyras, qui existe encore aujourd'hui, quoique décapitée (3). Une autre tour rectangulaire, d'environ 26 mètres de hauteur sur une largeur variant de 8 mètres 45 à 10, et qui servait de clocher à l'église que nous avons démolie en 1868, avait été élevée sur la porte ancienne de l'église, à

(1) Aux archives de la paroisse.

(2) Du temps des troubles religieux, pendant que Linas avec sa troupe tenait la campagne, un *caporal* et quelques hommes gardaient cette porte.

(3) Dans une enquête de 1601, dont l'original se trouve aux archives de la paroisse, il est dit que cette tour servait de prison de justice pour le Soulié. « Les habitants du Soulié paient » un quart de toutes les charges dudit Saint-Sever annuelle_ » ment et y ont une tour pour faire prison de justice et y mè- » nent leurs prisonniers ordinairement..... En temps de guerre » on mettait les prisonniers dans la forteresse. »

laquelle on avait enlevé une travée. Cette tour, appelée *fort* ou *forteresse*, était munie, à chacun des cinq ou six étages qui la composaient, de meurtrières et de canonnières.

Dans le bas, au niveau du pavé de l'église, était une sombre et humide prison au milieu de laquelle se trouvait un pieu armé d'une chaîne et d'un collier en fer, se fermant au moyen d'un cadenas.

Le haut de la tour, que dominait naguère un lourd toit, était orné de créneaux et de mâchicoulis. Des fossés profonds l'entouraient. La petite ville était donc comme un petit château fort (1), au milieu de barris ou faubourgs qui formaient presque une ceinture autour d'elle.

Si Linas avait possédé un château dans Saint Sever, non seulement on trouverait des traces de ce château, mais encore le prince de Condé, qui en nomme d'autres, en aurait fait mention lorsqu'il ordonna la démolition des fortifications de la ville, et ne se serait point contenté de l'indiquer sous le nom de *maison : ensemble la maison du nommé Linas située dans la ville de Saint-Sever*.

Le château du gentilhomme de Linas n'était donc ni dans la ville de St-Sever, ni dans le village de Linas, ni dans les environs de ces deux localités à la place marquée par des *ruines*, il était à *Malviès*. Dans le cahier de Saint-Sernin contenant les rentes nobles et rurales et autres biens de 1673, nous lisons : « Les héritiers de feu noble » Jean de Goudon, seigneur de Linas, quand vivait rési- » dant à Malviès » (2). Dans le testament du sieur de Linas : « L'an mil six cents septante un et le huitième » jour du mois d'avril, avant midi, au château de *Mal-*

---

(1) La ville de Saint-Sever n'était pas plus étendue qu'elle n'est aujourd'hui, quoique en dise le livre de paroisse, qui affirme qu'on découvre partout des traces d'une ancienne ville plus grande que celle d'aujourd'hui. Pour si petite qu'elle fut, elle ne méritait guère l'épithète de *méchante bicoque* dont la gratifie dom Vaissette, dans son *Histoire du Languedoc*.

(2) Copie de ce cahier, pour ce qui regarde Saint-Sever, se trouve aux archives de la paroisse.

» *viès* (1), près Saint-Sever. » Et dans l'acte d'ouverture
du testament : « L'an mil six cent septante quatre
» et le cinquième jour du mois d'octobre..... au lieu
» de *Malviès,* près Saint-Sever en Rouergue et château
» dudit lieu » (2).

Jonathan de Goudon, fils de Linas, prend le titre de
seigneur de *Malviès* que les autres Goudon ont porté
dans la suite. M. de Gaujal, dans ses *Etudes historiques
sur le Rouergue*, t. IV, page 348, signale parmi les nobles
du Rouergue : Goudon, sieur de Senaux et de *Malines*.
Ce dernier nom est mis pour Malviès. Les Goudon
signaient souvent *Malviès* (3).

Le château de Malviès ne fut bâti que quelques années
après la prise de Saint-Sever par l'armée du prince de
Condé. Ainsi que nous l'avons dit en parlant de ce siége,
Linas, malgré sa valeur et le courage de sa troupe, fut
obligé d'abandonner Saint-Sever et de se retirer au
milieu de la nuit, à la clarté de l'incendie qui dévorait
une grande partie de la ville et de ses faubourgs. Sa
maison fut d'abord pillée, puis détruite, ainsi que les
fortifications de la ville. Une garnison établie dans la
forteresse devait empêcher les rebelles de s'en emparer
de nouveau. L'année d'après, en 1629, se terminèrent
dans le Vabrais les guerres de religion, et, le calme
étant rétabli, Linas se retira à Malviès. Comme seigneur
de Saint-Sever, il se bâtit un château qu'il fortifia avec
soin; mais le chapitre de Vabres lui intenta un procès
pour l'obliger à la *revente* de la part de seigneurie qu'il
avait acquise du sieur évêque de Vabres. Ce procès en
instance se termine par un arrêt du Parlement de Toulouse du 3 novembre 1660, qui condamne Linas à reconnaître, comme étant de la seigneurie directe du syndic
du chapitre de Vabres, les pièces et domaines qu'il possède dans ledit lieu de Saint-Sever, à faire démolir les
créneaux et tours de sa maison qu'il a située audit lieu
de Saint-Sever et qui s'élèvent au-dessus du toit de la

(1) Copie de ce testament, *idem.*

(2) Copie de cet acte, *idem.*

(3) Registres de sépultures, baptêmes et mariages de la paroisse.

maison, comme aussi les fortifications autres que *garittes* et *gabiones* (1).

Il est évident que cette maison fortifiée n'était point dans la ville de Saint-Sever, mais bien dans ses appartenances, autrement il faudrait dire que les *pièces de terre et domaine* dont il est parlé dans l'arrêt, étaient situées dans cette ville. De plus, le 23 décembre de la même année, l'arrêt de la cour est signifié par François Viala, baille royal, au sieur Linas lui-même dans son *domicile à Malviès où il réside* (2).

VII.

Le duc de Rohan qui appréciait justement la valeur du sieur de Linas et son attachemment inviolable au parti de la Réforme, le nomma, en 1625, commandant de la petite place de Saint-Sever. Linas répondit à cette marque de confiance par un dévoûment digne d'une meilleure cause. Avec une partie de sa troupe, il garde soigneusement la porte, la forteresse et les murailles de la ville, tandis qu'avec l'autre partie il tient la campagne, se portant avec ardeur partout où ceux de sa religion peuvent avoir besoin du secours de son épée. Aussi le duc l'entoure de son estime, et lui donne un grand crédit auprès de sa personne. Le commandant en profite pour être utile aux habitants de Saint-Sever et du Soulié, ainsi que le prouve le fait suivant.

Les consuls de Lacaune avaient obtenu du conseil du duc de Rohan une ordonnance qui obligeait les habitants de Saint-Sever et du Soulié à payer auxdits consuls une somme de cent cinquante livres pour les dédommager des frais que leur avait occasionnés le logement des armées de M. de Saint-Blanquard. A peine cette ordonnance leur fut-elle transmise que les consuls de Lacaune, pour en assurer la fidèle exécution, firent saisir et emprisonner cinq hommes de Saint-Sever et du Soulié,

(1) Copie de cette pièce aux archives de la paroisse.

(2) Cette notification se trouve à la suite de l'arrêt de la cour du Parlement de Toulouse. (Archives de la paroisse).

et envoyèrent en même temps vers ces deux localités un messager pour réclamer la somme prescrite, le chargeant, pour le cas de refus, de menacer les habitants de toutes sortes d'exactions et réquisitions jusqu'à son complet acquittement. Aussi le premier consul, son conseil et les principaux citoyens de Saint-Sever et du Soulié supplient Linas d'écrire d'abord au duc pour obtenir la révocation de l'ordonnance, et puis aux consuls de Lacaune pour qu'ils veuillent bien suspendre l'exécution de leurs menaces jusqu'à l'arrivée de la réponse du duc. La réponse ne se fit pas longtemps attendre. Les prisonniers durent être relaxés, et Saint-Sever et le Soulié furent dispensés de cette cotisation onéreuse (1).

Le commandant de Saint-Sever se trouvait entièrement lié avec tous les principaux chefs que la Réforme comptait dans le pays, surtout avec le fameux d'Escrous, commandant de la ville de Viane, qui soutint si courageusement pendant dix jours un siége dirigé par Condé lui-même, et força ce prince à se retirer sans avoir pu pénétrer dans la place. Pour cimenter davantage cette amitié, Linas épousa, en 1626, dans une des salles du château d'Escrous, la sœur de son ami, Jeanne de Beine, fille de Charles de Beine et de Suzanne de Castelpers. La réunion fut des plus brillantes. Nous y trouvons damoiselle Marie de Bessières, mère du seigneur de Linas, noble Elisabeth de Goudon, femme de noble Alexandre Corne, baron d'Arvieu, noble Jean de Beine, seigneur d'Escrous et de Bellas, noble Izaac de Beine, sieur de La Valette, Jonathan de Beine, sieur de La Capelle, David de Beine sieur de Belvézé, frères de la damoiselle, Emmanuel de Dumas sieur de Salvan, Hugues de Padies sieur de Labasconque, Pierre de Gualand, sieur de Gijounet, David de Goutrand, sieur de Lasfons, Charles de Huc sieur de....., Guilhaume de Roujet sieur de Caussil, Jacob de Bayard sieur de La Crouzette, David de Fontés sieur de Colombrise, et autres (2).

(1) Pièces relatives à cette affaire, aux archives de la paroisse.

(2) Copie de l'acte de mariage, aux archives de la paroisse.

Par sa naissance, sa haute position, ses alliances, mais surtout à cause de sa valeur, Linas acquit une grande autorité, non seulement dans Saint-Sever et le Soulié, mais dans tous les pays voisins. Il usa de cette autorité pour réprimer par des mesures sévères le pillage, le vol et la rapine, si communs dans ces temps de troubles civils. De concert avec les consuls et les principaux habitants de Saint-Sever et du Soulié, il prit plusieurs délibérations à cet effet. Nous nous contenterons d'en rapporter deux. La première regarde particulièrement ses soldats et ses concitoyens :

« Lan mil six cens vingt cinq et le douziesme jour du
» moys de dessembre au lieu de St Sever en Rouergue
» pnt moy not^{re} et temoings Constitue en personne
» Pierre Marty premier consul dud St Sever Aciste de
» noble Jean de Godon seigneur de Linas et conseigneur
» dud St Sever Jean Trinquier Anthoine Sicard Bernard
» Sicard ses con^{ers} Anthoine Amilhau P^{re} Alibert P^{re}
» Fayet Ramond Alibert Barth^y Mathieu Jaques Sury
» Bernard Sicard june Benjamin Cambon Jean Bousquet
» Jean Gelly Andre Maurel Antoine Bousquet Jean Fayet
» P^{re} Chavardes et autres assambles en con^{cl} general
» Tous choisy de famille duement assignes par Barth^y
» Cacdenac Auquels led Marty consul auroit reprezante
» comme monsieur de Lestier auroit escript a monsieur
» de Linas comme certains soldats du lieu de St Sever
» luy auroit prims prizonnier ung paizant de sa terre
» prims et amene certains pourseaux apartenant aud
» sieur de Lestier Comme de mesme auroit prims cer-
» tain bestail de la terre de monsieur le baron du Poujol
» sans le seu et consente^t de monsieur de Linas Décla-
» rant led sieur de Linas ne lavoir fait de son seu et
» consentement Desavouant les soldats qui se seroit
» trouves en ceste action Declarant en oultre led sieur
» de Linas et Marty consul vouloir vivre en lunion avec
» tous les circonvoizins comme ils ont fait cy devant Et
» au cas seroit mene par les soldats dud St Sever ou
» autres aucung bestail de quelle nature que se soit aud
» St Sever Cy lon trouve bon que le susd bestail soit
» prims et apres randu a quy apartiendra A cest effet

» led sieur de Linas a promys et promet lorsquil sera
» en ville de prester son authorité et en son absance
» led Marty consul a celluy qui commandera a la garde
» de la porte.

» Sur quoy reculyes les voix et a la pluralite dicelle
» que inhibiōns et deffances seront faites par lesd ordo-
» nances a tous soldats dud Sᵗ Sever terre et juriōn
» dicelluy de naler courre aux terres circonvoizines a
» peine den repondre de tous despans dommages et in-
» terests Et que a cest effet led sieur de Linas sera prie
» lorsquil sera en ville au cas ils entreprendront de aler
» prandre aucung bestail de le fere prendre et arester
» Comme de mesme en l'absance dud sieur de Linas et
» en son deffaut est donne au corporal que comandera
» a la porte led jour Ainsin a este conclud et areste les
» an et jor susd (1). »

Suivent les signatures.

La seconde délibération regarde plus spécialement
les soldats étrangers et habitants des pays voisins.

« Lan six cens vingt six et le neufiesme jour du moys
» de janvier au lieu de Sᵗ Sever en Rouergue pnt moy
» notʳᵉ et tesmoings Constitue en personne Pierre Marty
» premier consul dud Sᵗ Sever Aciste de noble Jean de
» Godon seigneur de Linas et conseigneur dud Sᵗ Sever
» Jean Trinquier Anthoine Sicard Jean et Noue Soula-
» ges Bernard Sicard ses conᵉʳˢ Lequel Marty consul
» auroit assembles suivant la volonte dud sieur Lequel
» sieur de Linas auroit propoze que mercredy matin
» Pʳᵉ Cordepiere du masage de Caudaurel se seroit
» veneu plaindre que la nuit precedante led y seroit
» venus certains soldats armes lesquels luy auroit pris
» de ses estables la quantite dun pere vaches une porque
» grasse quatre pourseaux junes trante bestes a laine
» Le tout conduit vers la ville de la Caune Auquel lieu
» y feurent suyvis et sur lad plainte ayant led sieur
» escript aux sieurs consuls de la Caune pour les obliger
» a fere restituer a leurs soldats le susd butin Et ce par

_____

(1) Archives de la paroisse.

» Jaques Negre lequel a son retour luy auroit raporté
» que led bestail est dans la ville de la Caune et que
» les consuls estant la plus part absans leurs companons
» promettent cy employer comme ausy a ce matin Pierre
» Roq^{te} du masage de Pialles cest veuneu plaindre que
» la nuit passee il a este pille par dix ou doutze soldats
» armes Lesquels luy ont pris et amene huit bestes a
» corne dix huit chebres ung pourseau gras et cinq de
» junes le tout amene vers lad ville de la Caune.

» Sur quoy requiert tant led Marty premier consul
» que le conseil icy assamble de vouloir declarer con-
» jointement avec luy sil nest point à propos de deputer
» quelcunq vers lesd messieurs consuls de la Caune afin
» de les obliger a fere sa justice de linsolance et rapacite
» de ceux qui se sont trouves a comettre ses attantats et
» larcins au prejudice de la socyette et tranquillite publi-
» que mesme de la bonne intelligence que le pnt ville a
» heu toujours avec ceux de la Caune et les obliger a
» fere restituer les susd bestail.

» Comme aussy leur declarer quil a heu advis que
» certains habitants de la pnt ville ont aciste aux susd
» larssens pour cy estre trouves et teneu la main Re-
» quiert aussy leurs advis sil n'est point a propos sui-
» vant autres precedantes declaraõns de se saizir des per-
» sonnes et biens des calpables pour estre poursuyvis
» par la voye de justice.

» Sur quoy reculyes les voix et a la pluralite dicelles
» led sieur de Linas a este prie descripre a messieurs les
» consuls de la Caune pour les obliger a fere restituer
» le susd bestail et fere justice de ceux qui se sont trou-
» ves a la prize dicelluy et ampecher a ladvenyr tels
» desordres Et que Josean Pages sera anvoye aud la
» Caune pour apourter lesd le^{res} et en poursuivre la
» restitution et fere reparer les susds attantats Comme
» ainsy a este delivere que au cas il se trouvera que
» neuls habitans de la pnt ville et terre se soit trouves a
» susd prize quy seront saisis et leurs biens et poursuyvis
» au nom et au depans de la communaute A ce que la
» justice ayt lieu A quoy led sieur est prie daporter son

» authorite Ainsin a este conclud et areste Les an et jor
» susd Et se sont signes ceux quy savent et de moy (1). »

Suivent les signatures.

Enfin dans une autre délibération, notifiée aux consuls
de Lacaune, on les menaçait d'user de représailles, s'ils
continuaient à favoriser ou même à ne pas punir le pillage dans ceux de leurs administrés qui s'y livraient (2).

Linas, qu'on voit ici prendre des mesures sévères contre le pillage, s'était bien permis de saisir lui-même
tous les revenus ecclésiastiques de Saint-Sever, en sa
qualité de commandant, pour les employer au profit
de son parti. C'est ce qu'il confesse dans un mémoire
adressé à *messieurs tenant la souveraine cour du Parlement pour le roi*. « Car il est vray, dit-il, que dans les
» malheurs des désordres et guerres civiles le produi-
» sant auroict este choisi par le sieur duc de Rohan pour
» commander dans Sainct Sever En consequence de quoy
» il est veritable que les revenus des ecclésiatiques au-
» rainct este prims et saisis et emploies aux affaires ne-
» cessites du parti (3). »

VIII.

Jean de Goudon, seigneur de Linas, fit son testament au château de Malviès, le 7 avril 1671. Ce testament, fermé et cacheté de dix-neuf cachets de cire
rouge, et cousu avec du fil blanc, fut ouvert après sa
mort, le 5 octobre 1674. Nous le donnons ici, d'après
une copie que possèdent les archives de la paroisse.

« Au nom de Dieu soit fait Amen, Je noble Jean de
» Goudon seigʳ de Linas et Seneaux conseigneur de
» St Sévé Me trouvant avancé en âge estant aussy de-
» tenu dans un lit de certaine maladie corporelle Con-
» sidérant la misere de ce monde et qu'il n'y a rien de

(1) Archives de la paroisse.

(2) *Idem.*

(3) Archives de la paroisse; procés du sieur de Linas contre
le syndic du chapitre de Vabres pour la coseigneurie de Saint
Sever.

» plus certain que la mort ny de plus incertain que
» lheure dicelle desirant qu'apres mon deces il ny aye
» proces et differant a raison de mes biens jen ay vouleu
» disposer par mon present testament comme sen suit et
» principallement jay randu graces a nostre bon Dieu de
» tant de faveurs quil ma faites en cette vie le priant
» quil luy plaise pardonner tous mes peches pour lamour
» de son fils Jesus Christ nostre Seigneur Et separant
» lame de mon corps la recevoir en son paradis Voulant
» mond corps estre ensevelly a la forme de ceux de la
» relligion pretendue reformée, Et venant a la disposi-
» tion de mes biens Je donne et legue aux pauvres de la
» relligion dud St Sever la quantité de dix cestiers bled
» segle payable dans lan apres mon deces entre les mains
» des ministres ou anciens du consistoire de ceux de lad
» relligion dud St Sever pour le distribuer comme ils
» aviseront et trouveront bon ou pour estre icelluy bled
» vendu et largent en provenant estre mis aux inth^s
» au profit desd pauvres Comme il sera avise par lesd
» anciens, Plus je donne et legue a Jeanne Sabruere
» demurant au service de ma maison outre ce que je
» puis luy rester de ses gages scavoir est la somme de
» dix huit livres tournois de vingt sols livre payable un
» an apres mon deces par mon héritier bas nommé, Plus
» je donne et legue a tous les autres domestiques de ma
» maison quy se trouveront lors de mon deces la somme
» de trois livres a chascun et ce outre et pardessus leur
» sallaire, Plus je donne et legue a noble Jonatan de
» Goudon mon fils légitime et naturel et de dam^elle
» Jeanne de Baine ma femme pour tout droit dinstitution
» et hereditaire portion légitime et suplement dicelle
» que pourroit avoir et pretendre sur mes biens scavoir
» est la metterie que jay scistuée au masage de Ramay-
» rols paroisse de St Sévé avec ses appartenances et
» depandances, Comme aussy je lui donne et legue la
» metterie que jay scistuée au masage de Bousiers juri-
» diōn de Beaumont que Andre Tourrel me tient en
» rente aussy avec toutes ses apartenances et depan-
» dances quittes lesd metteries de toutes tailles et sen-
» cives jusquau jour que led Jonatan de Goudon mon fils
» en prandra jouissance moyenant quoy je veux qu'il se

» contente et qu'il ne puisse autre chose pretendre et
» demander sur mes biens luy imposant silence perpe-
» tuelle, Plus je donne et legue a tous mes autres
» parans quy pourroint pretandre droit sur mes biens
» la s̄o͜e de cinq sols payable apres mon deces moyenant
» quoy je veux quils nayent rien plus a me demander
» sur mes biens, Et dautant que je testateur ay cy de-
» vant marié feu noble Jean Jaques de Goudon s^r de St
» Sévé mon fils ayné avec demoiselle Françoise de
» Mailhan de Lustrac Dans le contrat de mariage retenu
» par François Roussignol no^re royal de Castanet dal-
» bigeois le 15 may 1663 Jaurois nommé et eslu led
» Jean Jaques de Goudon mond fils en lheritage de feu
» dam^elle Isabeau de Goudon dame Darbieu et de Senaux
» sa tante en vertu du pouvoir quelle men auroit donné
» par son dernier et valable testament Et outre je laurois
» encore eslu et nommé en la moitié de mes biens en me
» mariant avec lad dam^elle de Baine ma femme Ayant
» donné a lun de mes enfans masles quy descendroit de
» mond mariage avec la dam^elle de Baine a mon chois et
» nominaon Et laurois encore nommé mon héritier uni-
» versel en tous mes biens presans et advenir soubs
» diverses reservations y contenues Despuis lequel ma-
» riage consumé led Jean Jaques de Goudon s^r de St
» Sévé estans venu a deceder auroit laissé a luy survi-
» vant de sond mariage Jean de Goudon son fils unique
» quy est encore en bas age A cette cause je testateur
» confirme aud Jean de Goudon mon petitfils lesd eslec-
» tion donnaon et institution contratuelle. Veus entans
» quelle sorte a leur plain et entier effet aux charges
» conditions et reservations portees par led contrat
» moyenant quoy la somme de cinq sols que je luy legue
» Veus quil ne puisse rien demander sur mes biens, Et
» cas advenant que led de Goudon mon petit fils vint a
» deceder en pupillarité ou sans enfans de legitime ma-
» riage je luy substitue tant aux biens et hereditte de
» lad Izabeau de Goudon dame Darbieu que tous les
» biens a luy donnés et delayssés soit par droit deslec-
» tion donnaon et institution led noble Jonatan de Gou-
» don mon fils Voulant quil recueille aud cas tous lesd
» biens et quil en dispose a ses plaisirs et volontes sans

» aucune distraction de quart que je prohibe par expres
» Et après que led sieur de Malviés sera mort je luy
» substitue le premier enfant masle procrée de legitime
» mariage et dicelluy a lautre et de lautre en suivant
» l'ordre de primogeniture et de ses enfants, Et substitue
» aux enfans de ses enfans absant led ordre de primo-
» geniture, Et en cas led Jonatan de Goudon viendroit
» a deceder sans enfans de legitime mariage je luy
» substitue tant aux biens et hereditte de lad dam^{elle}
» Izabeau de Goudon tous les biens donnes et delaissés
» soit par droit deslection donnaōn et institution que les
» metteries de Bousieis et Ramayrols par moy a luy
» leguées et données cy dessus scavoir la moitié a dam^{elle}
» Jeanne de Goudon ma petite fille fille aynée dud feu
» de St Sevé Et lautre moitié a dem^{elle} Marie et Rose
» de Goudon aussy filles dud s^r de St Sevé pour icelle
» moitié estre partagée entre elles deux esgallent et en
» fere et en disposer les survivans a leurs plaisirs et
» volontés tant en la vic quen la mort, Et en cas lad
» dem^{lle} Jeanne de Goudon viendroit a deceder sans
» enfans je luy substitue lad Marie et Rose de Goudon
» mesd petites filles des unes aux autres, Et en cas aussy
» lesd Marie et Rose de Goudon viendroint a deceder
» luy substitue leurs enfans et apres les enfans de leurs
» enfans du premier jusques au dernier en observant
» lordre de primogeniture, Et en tous et chascuns mes
» autres biens meubles et immeubles droits voix noms
» raisons et actions presans et advenir je fais et institue
» mon heiēre universelle et generalle scavoir est lad
» dam^{elle} Jeanne de Baine ma femme bien aymée pour
» ce par icelle faire et disposer de tous mesd biens et
» heritage a tous ses plaisirs et volontés tant en la vie
» quen la mort, Et cest ma volonté voulant quapres mon
» deces elle sorte a effet par testamt codicille ou don-
» naōn pour cause de mort et autre forme que plus ou
» mieux pourra valoir cassant et revoquant et annullant
» toutes autres dispositions que je pourrois avoir cy
» devant faites, Le presant seul demeurant en sa force
» et vertu, Lequel jay fait escrire a personne a moy
» fidelle et apres lavoir leu et releu je lay signé au
» fonds de chaque page Fait a Malvies le 7e avril 1671.

» Et apres est escrit de la main dud sieur de Linas.
» En foy de tout ce dessus que japrouve et confirme me
» suis signé led jour 7e avril 1671 Vu LINAS signé. »

IX

Lors de la création de l'armorial général, décrété par l'édit du roi du mois de novembre 1696, quatre membres de la famille de Goudon firent enregistrer leurs armoiries à la généralité de Montauban. Deux de ces personnages sont dénommés *Goudon* et les deux autres *Godon.*

Les deux premiers qui appartiennent à la branche aînée, établie à Lodève vers la fin du XVe siècle, étaient Jean de Goudon, seigneur de Senaux, petit-fils de Linas, et le gentilhome Jonathan de Goudon, fils de Linas (1). Leurs armes sont, d'après l'Institut héraldique de Paris, d'azur, à un cheval issant d'or, accosté en chef de deux étoiles de même et une fasce d'argent ; l'écu timbré d'un casque de chevalier orné de ses lambrequins.

Les deux autres qui appartenaient à la branche cadette établie à Clermont-de-Lodève, sont Jean-Henry de Godon, capitaine au régiment de Piémont, puis capitaine de bourgeoisie au régiment de Pézenas, et Etienne de Godon, capitaine au régiment de Castres (2). Leurs armes, toujours d'après l'Institut héraldique, sont d'azur à un cavalier armé de toutes pièces d'or, sur un cheval d'argent et accosté de deux étoiles d'or.

L'analogie de ces deux armoiries, dit le rapport, est frappante, et la différence n'a pas sans doute d'autre cause qu'une brisure adoptée par la branche cadette, comme cela se pratiquait fréquemment.

(1) Généralité de Montauban, armorial général, registre 16, folio 726, à la Bibliothèque nationale, section des manuscrits.

(2) Armorial général, généralité de Montpellier, registre 15, folio 670. — Dans son rapport généalogique, l'Institut héraldique de Paris place à tort ces deux membres dans la branche aînée et les donne comme fils de Linas, qui n'eut cependant que deux enfants, Jean-Jacques et Jonathan.

Pour nous, nous croyons qu'il en était des armoiries comme du nom de *Godon*. La branche cadette l'écrivait habituellement ainsi, quoiqu'elle l'écrivît quelquefois *Goudon*, comme la branche aînée. De même la branche aînée prenait quelquefois les armoiries de la branche cadette. Ainsi dans l'inventaire des pièces et productions qu'il fournit, en 1668, Jean-Jacques de Goudon, seigneur de Saint-Sever, Linas et Senaux, fils du gentilhomme de Linas, déclare avoir pour armes : *un homme à cheval armé de toutes pièces ; le cheval rampant au-dessous d'une barre, et au-dessus d'icelle deux étoiles* (1).

Dans les nombreuses pièces concernant la branche aînée que nous avons eues sous les yeux, nous n'avons jamais rencontré les armes de la branche cadette. De plus nous n'avons jamais trouvé les armes de la branche aînée *timbrées d'un casque de chevalier avec ses lambrequins*, mais toujours d'une couronne. Il n'en a pas été de même pour les armes du gentilhomme d'Escrous, beau-frère de Linas, elles sont timbrées du casque de chevalier (2).

Souvent les armes des Godon sont accolées d'un autre écu, qui varie quelquefois, probablement selon les différentes alliances. Nous nous contenterons d'en donner deux exemples.

Les armes de messire Jean-François de Godon, seigneur de Senaux, de Talpairac et autres lieux portent deux écus accolés, le premier qui est de *Goudon*, le second écartelé, au 1er et au 4e d'or, à la bande d'azur chargée de trois étoiles d'argent, au 2e et au 3e de gueules au lion montant et lampassé d'argent, au chef d'azur marqué de trois rosettes d'argent (3).

Une autre fois nous avons trouvé deux écus accolés, le

(1) Aux archives de la paroisse.

(2) Les armes d'Escrous sont : d'argent, au lion de sinople, lampassé et armé d'argent, et surmonté d'un lambel à trois pendants de même, chargé de trois tourteaux de gueules ; l'écu timbré d'un casque de chevalier *orné de ses lambrequins.* (Armorial général, généralité de Toulouse.)

(3) Aux archives de la paroisse.

premier qui est de Goudon, et le second d'azur, au che-vron d'or accosté de trois merlettes, posées deux et une (1).

La devise des Goudon était : *Je sois du milieu des dangers des armes* (2).

X

La famille de Goudon fut maintenue dans sa noblesse d'ancienne extraction par deux jugements : l'un de Mr Pellot, intendant de Guienne, du 17 juillet 1668, l'autre de M^r Le Pelletier de la Hous-aye, intendant de la généralité de Montauban, du 22 mai 1699.

C'est à la suite du premier de ces jugements que nobles Jean et Jacques de Goudon, sieurs de Linas et de Saint-Sever, furent mis dans le catalogue des nobles, ainsi qu'il ressort du certificat suivant.

« Nous greffier en la commission de la recherche de la » noblesse du pays du Rouergue certiffions a tous ceux » quil appartiendra que nobles Jean et Jacques de Gou-» don sieurs de Linas et de St Sever habitants de St » Sever ont esté mis dans le catalogue des nobles que » jai par devers moi fait par monseigneur Pellot inten-» dant en Guienne le dix sept jour de juillet 1668.

» Ayant expédie le present a la requion de noble » Jonatan de Goudon sieur de Malvies fils dudit sieur de » Linas (3).

» Fait a Millau le deuxiesme may mil six cens quatre » vingt six. »

VIDAL gref.

Nous pouvons donner le texte du second jugement :

« Felix le Pelletier chevalier seigneur de la Houssaye » conseiller du roy en ses conseils Maistre des requestes » ordinaires de son hostel intendant de justice police et » finances en la generalité de Montauban.

(1) Aux archives de la paroisse.

(2) *Idem.*

(3) Copie de ce certificat, aux archives de la paroisse.

» Entre Charles de la cour Beauval charge de lexecu-
» tion de la declara'on du Roy du quatre sep'bre mil six
» cens quatre vingt seize contre les usurpateurs du titre
» de noblesse demandeur aux fins de larrest du conseil
» rendu led jour pour lexecution de lad declaration sui-
» vant ces exploits dassigna'ons donnees en consequence
» ces vingt six fevrier et quinze decembre 1697 dune part

» Et noble Jean de Goudon sieur de Senaux et Jona-
» tan de Goudon sʳ de Malvies deffendeurs d'autre part

» Veu lad declaration du Roy arrest du conseil et
» exploits dassigna'ons procuration passee par frere
» Jaques prieur et conseigneur de St Sever a Raymond
» de Goudon son frere dans lequel led Raymond est qua-
» lifie noble du dix sept juillet mil cinq cens quarante
» six Contrat daquisittion faite par led Raymond de
» Goudon de plusieurs droits seigneuraux dans lequel il
» est qualifie noble du douze novembre mil cinq cens
» cinquante cinq Quittance passee par led Raymond de
» Goudon de la dot de damᵉˡˡᵉ Marguerite de Saulsan sa
» femme dans laquelle il est qualifie noble du cinq sep-
» tembre mil cinq cens soixante deux Testament dudit
» Raymond de Goudon dans lequel il est qualifie noble
» et escuyer et fait mention de la damᵉˡˡᵉ de Saul-
» san sa femme De Jean de Goudon et Helix de Serres
» ses pere et mere et de Jaques de Goudon l'un de ses
» fils qualifie noble par led testament du dix mars mil
» cinq cens soixante quatorze Contrat de mariage de
» Jaques de Goudon sʳ de Linas avec demᵉˡˡᵉ Marie de
» Bessieres dans lequel il est qualifie noble du six mars
» mil cinq cens quatre vingt neuf Testament de la
» demᵉˡˡᵉ Marie de Bessieres dans lequel il est fait men-
» tion dud Jacques de Goudon son mary De Jean de
» Goudon sʳ de Linas son fils marie avec demoiselle de
» Bayne et de Jean Jacques de Goudon fils dud Jean
» dans lequel lesd sieurs de Goudon sont qualifies nobles
» du dernier mars mil six cens vingt sept Contrat de
» mariage dud Jean de Goudon sʳ de Linas fils dud
» Jaques et de demoiselle Jeanne de Bayne dans leque
» lesd sieurs de Goudon sont qualifies nobles du vingt
» six janvier mil six cens vingt six Contrat de mariage

» dud Jean de Goudon avec dem^{elle} Françoise de Mailhan
» de Lustrac dans lequel il est qualifie noble et fait men-
» tion dud Jean de Goudon et de lad dem^{elle} Jeanne de
» de Bayne du quinze may mil six cens soixante trois
» Extrait baptistere du dud Jean de Goudon lun des pro-
» duisants par lequel il paroist quil est fils dud noble
» Jean Jaques de Goudon et de lad dem^{elle} de Lustrac du
» douze aoust mil six cens soixante six Contrat de ma-
» riage de Jonatan de Goudon s^r de Malvies autre pro-
» duisant dans lequel il est qualifie noble avec dem^{elle}
» Louise de Chateauverdun dans lequel il paroist quil
» est fils de noble Jean de Goudon s^r de Linas et de
» dem^{elle} Jeanne de Bayne en dessus denommee du
» quinze juin mil six cens soixante dix sept Inventaire
» de production fait par devant nous des titres et pieces
» cy dessus consentement dud procureur dud de la cour de
» Beauval a la descharge assign'ons du procur' du Roy
  » Tout considere

  » Nous Intendant et comm^{re} susd avons maintenu et
» garde lesd Jean de Goudon sieur de Senaux et Jonatan
» de Goudon sieur de Malvies en la qualite de nobles
» Ordonnons quils pourront ensemble leurs successeurs
» enfants et posteritte nais et a naistre en legitime ma-
» riage de tous les priveleges honneurs et exemptions
» dont jouissent les gentilshommes du royaume tant
» quils vivront noblement et ne feront acte derogeant

  » Faisons deffances aud de de la cour de Beauval et tous
» autres de les troubler a peine de touts despens domma-
» ges et interets Et en consequence que lesd Jean et Jona-
» tan de Goudon seront compris dans lestat qui sera par
» nous envoye a sa masjeste pour y avoir egard en fai-
» sant le catalogue des veritables nobles de la province

  » Fait à Montauban le vingt deux may mil six cens
» quatre vingt dix neuf (1). »

Le Pelletier de la Houssaye.

Par Monseigneur :
    Olivier.

(1) Copie de cet acte aux archives de la paroisse. L'original
se trouve à Senaux.

XI.

La généalogie de la famille s'établit ainsi :

1. — Noble Jean de Goudon, habitant la ville de Lodève, fut marié l'an 1494 avec demoiselle Hélix de Serres. De ce mariage naquirent cinq enfants :

1° Raymond de Goudon, qui suit ;

2° Pierre de Goudon, seigneur de Favas, qui eut deux filles : Elisabeth et Judith. Cette dernière épousa noble David de Bouttet de Lacaune ;

3° Jacques de Goudon, religieux de l'ordre de saint Benoît de l'abbaye de Vabres, prieur forain et coseigneur de Saint-Sever ;

4° Raymond de Goudon jeune, ministre de la parole de Dieu, exerçant à Saint-Sever ;

5° Pierre de Goudon jeune, tué en Italie au service du roi.

II. — Raymond de Goudon, seigneur de Brinhac, de Linas et autres lieux, écuyer et maître de camp d'un régiment de gens à pied, épousa, suivant contrat de mariage du 22 mars 1554, Marguerite de Saulsan de La Roque Jaussas, fille de noble Pierre de Saulsan de La Roque Aimard et de demoiselle Antoinette de Roquefeuil. De ce mariage naquirent six enfants :

1° Pierre de Goudon, écuyer, mort jeune et sans postérité ;

2° Jean de Goudon, écuyer, mort jeune aussi et sans postérité ;

3° Jacques de Goudon, qui suit ;

4° Josué de Goudon, seigneur de Brinhac, capitaine, puis commandant d'une compagnie de gens de guerre à pied, nommé à cette fonction par ordonnance de Montgomméry, commandant sous l'autorité du duc de Montmorency, datée de Mazamet, le 17 avril 1591. Le texte de l'ordonnance loue la valeur, la diligence et l'expérience au fait d'armes dont le capitaine Josué a fait preuve en plusieurs circonstances (1) ;

(1) Cette ordonnance se trouve aux archives de la paroisse.

5° Esther de Goudon, mariée à noble Jacques Cabrol, sieur d'Arrifat;

6° Isabeau de Goudon, dame de Senaux, de Cabanes et Serain, au diocèse de Castres, femme en premières noces du sieur de La Rouquette, et en secondes noces d'Alexandre d'Astouqui de Corne, baron d'Arvieu. Elle fit son testament le 19 mars 1634 et mourut le 2 juillet 1644. Elle instituait ses héritiers Jean de Goudon, seigneur de Linas, son neveu, et Esther de Goudon, veuve de Jacques de Cabrol, seigneur d'Arrifat.

III. — Jacques de Goudon, seigneur de Linas et de Saint-Sever, en Rouergue, écuyer, fut marié, suivant contrat de mariage du 6 mars 1589, avec noble dem^elle Marie de Bessières, fille de Mathieu de Bessières, capitaine de la ville de Castres et de Jeanne de Ligonnié. Marie de Bessières, sa veuve, épousa en secondes noces noble Thomas de Bourgoin. Elle testa le dernier jour de mars 1627, laissant plusieurs legs aux pauvres de la ville de Castres et constituant son héritier universel Jeàn-Jacques de Goudon, son petit-fils et filleul.

De son premier mariage avec Jacques de Goudon, était né un fils unique, Jean de Goudon, qui suit.

IV. — Jean de Goudon, écuyer, seigneur de Linas et de Saint-Sever, était encore mineur lorsqu'il succéda aux biens et fiefs de son père. Son tuteur et curateur rendit hommage au roi pour la seigneurie de Linas et la coseigneurie de Saint-Sever, le 7 décembre 1607. Suivant contrat de mariage du 26 janvier 1626, il épousa noble Jeanne de Beine, fille de Charles de Beine, seigneur d'Escrous et de Berlas et de noble Suzanne de Castelpers. Le 10 mai 1628, il défendit vaillamment la ville de Saint-Sever contre l'armée du prince de Condé. Quelques années plus tard, servant en Roussillon dans l'armée des gentilhommes commandée par le même Condé, il reçut de ce prince un certificat de bons services, daté du 15 novembre 1639. Il fit faire une procédure pour établir que, le 12 mai 1628, le lieu de Saint-Sever avait été pris et pillé, ainsi que sa maison, ses meubles et papiers, par les armées du prince de Condé, et obtint à cet effet une sentence de Pierre de Glizes, sieur de La

Rivière, juge de Roquecezière, datée du 2 juin 1656 (1). Par son testament du 7 avril 1671, il fait un legs à Jonathan, son second fils, et à Jean, son petit-fils, et laisse sa femme usufruitière.

De son mariage sont nés deux enfants :

1° Jean-Jacques de Goudon, qui suit ;

2° Jonathan de Goudon, qui suit aussi, et forme la seconde branche :

PREMIÈRE BRANCHE.

V. — Jean-Jacques de Goudon, écuyer, seigneur de Senaux et de St-Sever, né vers l'année 1629, hérita de tous les biens de sa grand-mère, Marie de Bessières. Il épousa, suivant contrat de mariage du 15 mai 1663, dem^{elle} Françoise de Mailhan de Lustrac, fille de Jean de Mailhan de Solages de Tolet, seigneur du Jou, et de Madeleine de Lustrac, baronne de Saint-Sernin. Il rendit hommage au roi pour la terre de Senaux, au diocèse de Castres, le 23 septembre 1667. Lors de la recherche des usurpations de noblesse faite par Mr Pellot, intendant de Guienne, il fut maintenu le 17 juillet 1660. Il mourut avant son père (2) et laissa un fils unique nommé Jean de Goudon, qui suit.

VI. — Jean de Goudon, écuyer, seigneur de Senaux et de St-Sever, né le 22 août 1666, épousa suivant contrat de mariage du 22 juin 1698, Esther de Puech de Longuevergne, fille de Jean de Puech de Longuevergne et de dame Franc de la Sautié. C'est

DEUXIÈME BRANCHE.

V. — Jonathan de Goudon, écuyer, seigneur de Malviès et de Linas, épousa, suivant contrat de mariage du 15 juin 1677, noble dem^{elle} Louise de Château Verdun, fille de Jean Guilhaume de Château-Verdun, sieur de Belvésé, et d'Isabeau du Noir de Cambon. Il mourut en 1700 laissant un fils qui suit, et trois filles :

1° Marie de Goudon, femme de noble David de Robert ;

2° Jeanne de Goudon, femme de Jacques Albre ;

3° Rose de Goudon.

VI. — Louis de Goudon, écuyer, seigneur de Malviès et autres lieux, épousa suivant contrat de mariage du 25 mars 1711, noble d^{elle} Marguerite de Bène, fille du seigneur de Lascarié, et de Rose de Pins, sa

(1) Copie notariée de cette sentence, aux archives de la paroisse.

(2) Il fut tué dans la ville de Castres par son beau-frère, le sieur de Saint-Sernin, au mois de mars 1668, dans une querelle, pour affaires d'intérêt. Son épée se brisa contre son adversaire. Le sieur de Saint-Sernin fut condamné à mort par contumace ; mais il obtint des lettres de grâce qui commuaient la peine en une amende. (Comptes-rendus par la veuve du sieur de Saint-Sever, aux archives de la paroisse.)

PREMIÈRE BRANCHE.

à lui et à son oncle que s'applique l'acte de maintenue en la noblesse cité textuellement plus haut.

Il fit son testament le 4 août 1711, et mourut le 27 septembre 1718 (1) laissant de son mariage cinq enfants :

1° Jean-Jacques de Goudon, qui suit ;

2° Jean de Goudon ;

3° Maurice de Goudon, lieutenant au régiment de Talac, par lettres du 1er décembre 1763;

4° Auguste de Goudon ;

5° Françoise de Goudon qui épousa le 3 avril 1720 (2), dans l'église de Saint-Sever, Louis de Bonnefous, seigneur de Lastarde, habitant de La Palestrie, paroisse de St-Georges de Berlas, baronnie de Montredon.

VII. — Jean-Jacques de Goudon, seigneur de Senaux, épousa suivant contrat de madu 20 mars 1721, Antoinette de Galtier de Lambas, fille unique de Jean de Galtier de Fontès de Lambas, seigneur de Talpairac, et d'Antoinette de Brueil. Il mourut en mai 1746, laissant un fils unique nommé Jean-François, qui suit.

VIII.— Jean-François de Goudon, seigneur de Senaux et de Talpairac, seigneur directe de Cabanes, coseigneur de Saint-Sever, né le 8 août 1722, épousa le 1er novembre 1740 Marie-Françoise de Durand de Bonne, fille de Jean Durand de Bonne

DEUXIÈME BRANCHE.

seconde femme. Il testa le 23 décembre 1761, et mourut le 4 décembre 1763, laissant de son mariage un fils et une fille :

1° Jean-Cyr de Goudon, qui suit ;

2° Jeanne de Goudon, mariée le 23 août 1758, avec Jacques de Perrin de Cabrillès, vicomte de Varagues.

VII. — Jean-Cyr de Goudon, écuyer, seigneur de Malviès et de Viès, né le 17 juillet 1724, ancien lieutenant au régiment de Chartres par lettres du 1er décembre 1741, épousa suivant contrat de mariage, du 24 mars 1747, Marguerite de Génas, fille de Louis de Génas Dufort, seigneur de Bancrot, et de Suzanne d'Hauterives. De ce mariage sont nés :

1° Joseph-Maurice de Goudon, né le 3 juin 1758, page du roi, qui suit ;

2° Marguerite de Goudon, morte célibataire ;

3° Louis de Goudon.

VIII. — Joseph-Maurice de Goudon a comparu dans une requête avec son père, présentée au sénéchal de Castres, le 6 avril 1778.

On ignore s'il a laissé des enfants (3).

(1) Registres des baptêmes, mariages et sépultures de la paroisse de St-Sever.

(2) Idem.

(3) Rapport de l'Institut héraldique de Paris. Copie aux archives de la paroisse.

PREMIÈRE BRANCHE. | DEUXIÈME BRANCHE.

de Sénégas, seigneur de Berlas et d'Escrous, ancien capitaine de dragons au régiment colonel-général, et d'Isabeau de Beine de Rayssac. De ce mariage, naquirent six enfants :

1º Elisabeth-Jeanne-Marie de Goudon, née avant le mariage, baptisée dans l'église paroissiale de Berlas d'Escrous, et légitimée lors du mariage (1). Elle fut mariée à noble Antoine de Lespinasse, officier d'infanterie ;

2º Jean-Louis-Antoine de Goudon, né le 21 octobre 1743 (2), qui suit ;

3º Jean-Jacques de Goudon, né le 1ᵉʳ mai 1745, officier d'infanterie étrangère ;

4º Louis-Daniel de Goudon, né le 11 septembre 1747, officier au régiment de Vivarais ;

5º Jean-Charles de Goudon, né le 2 mars 1753, reçu dans les gardes du roi au mois d'octobre 1772 ;

6º Gabrielle-Louise-Esther de Goudon, épouse de Philippe de Gautard.

IX. — Jean-Louis-Antoine de Goudon, seigneur de Senaux et de Talpairac, officier au régiment de Vivarais, épousa, le 18 juillet 1765, dᵉˡˡᵉ Marque de Gautard de La Gardelle, fille du sieur de La Ténarié, et d'Elisabeth de Bousquail (3). De ce mariage il eut quatre enfants :

1º Jean-Louis de Goudon, né le 1ᵉʳ juillet 1767, garde du corps, célibataire ;

2º Jean-Marie de Goudon, né le 31 août 1771, qui suit ;

3º Jean-Louis-André de Goudon, né le 20 août 1774, capitaine de dragons, qui suit ;

4º Jeanne-Louise de Goudon, née le 27 février 1777,

(1) Registres des baptêmes, sépultures et mariages de la paroisse de St-Sever, 1ᵉʳ novembre 1740.

(2) Le registre de la paroisse porte la date du 1ᵉʳ avril 1742.

(3) L'oncle d'Elisabeth de Bousquail fut abbé de Sylvanès.

mariée à Pierre de Sénilhes. De ce mariage naquit François de Sénilhes, gouverneur de Constantine, directeur
du Prytanée de La Flèche et général de division. Il
tomba dans la disgrâce pour n'avoir pas voulu se prêter
au coup d'Etat de 1852. Cependant, le maréchal Vaillant,
qui avait été son compagnon d'armes et qui avait su
l'apprécier, le fit nommer au commandement de Rouen.
Il mourut à Bordeaux à l'âge de 61 ans.

Du mariage de Jeanne-Louise de Goudon avec Jean-
Pierre de Sénilhes naquirent encore deux filles, l'une
demeurée célibataire, l'autre, du nom de Coralie, mariée
à Monjols de Lacaune, capitaine d'infanterie. Elle eut
deux enfants qui furent adoptés par le général et portèrent le nom de Monjols de Sénilhes. L'aîné, Alfred Monjols de Sénilhes, capitaine des cuirassiers de la garde, est
mort des suites de blessures reçues dans la dernière
guerre. Le cadet, Arthur Monjols de Sénilhes, capitaine
d'état-major au 29ᵉ de ligne, a été tué à Gravelotte.

PREMIÈRE BRANCHE.

X. — Jean-Marie de Goudon
épousa Marie Julien. De ce
mariage naquit, en 1807, Char-
les-Louis de Goudon qui se
maria avec Carolie Cambon de
la Valette. Il eut de ce mariage
un fils unique, Jean-Charles-
Philippe de Goudon, marié
avec Carolie Ardigo, issue d'une
famille gènoise. De ce mariage
sont nés deux enfants :
1° Charles-Henri de Goudon.
2° Caroline-Jeanne-Louise de
Goudon.

DEUXIÈME BRANCHE.

X. — Jean-Louis-André de
Goudon, appelé vulgairement
le Chevalier, après avoir longtemps servi dans les armées, se
retira à Senaux et épousa Marie Pommier de Ferrières, dont
il n'eût qu'une fille unique nom-
mée Jeanne-Louise, mariée
avec Marius Cornil de Travès.

Rodez, impr. Ratery-Virenque, rue de l'Embergue, 21.